핀란드
부모혁명

부모와 아이가 행복해지는 대한민국 가정 희망 프로젝트

핀란드 부모혁명

박재원 · 구해진 지음

ViaBook Publisher

■ 프롤로그

대한민국에서 부모로 산다는 것

    우리나라에서 대다수의 학부모는 아이와 함께 불행의 행군, 실패의 행군에 나서고 있다. 그래서 부모와 아이 모두 하루가 다르게 지쳐가고 갈등의 골이 점점 깊어져 힘들어하면서도, 마법에 걸린 듯 수렁에서 발을 빼지 못한 채 허우적거리고만 있다. 부모가 자식을 위한다며 헌신하고 노력할수록 오히려 아이의 가능성을 죽이고 역효과만을 불러오며, 점점 더 깊은 수렁으로 빠져들고 있다. 이렇듯 부모와 아이가 모두 불행해지는 현실에서 과연 돌파구는 없는 것일까.

    우선 가장 시급한 것은 정확한 진단이다. 바로 대한민국 부모들이 굳게 믿고 따르는 '학부모 문화'가 무엇인지부터 점검해야 한다. 우리 부모들은 '부모가 성적을 관리하고 챙겨야 자녀가 명문대에 진학하여 내로라하는 직업을 가질 수 있다'고 믿으며 '능력 있는 매니저'가 되고자 노력한다. 자신들의 노력과 희생이 아이를 위한 사랑이라고 믿고 싶어 하지만,

아이들이 기대에 부응하지 못하면 그만큼 실망과 배신감도 크게 느낀다.

대한민국의 학부모 문화에 회의를 느낄 때면 벗어나고도 싶지만 도저히 그럴 수가 없다. 주변을 돌아보니 모두 같은 길을 걷고 있어서 자신만 다른 길을 가는 것이 불안하기 때문이다. 자녀의 미래가 달린 문제인 만큼 부모의 마음은 조심스럽다. 그래서 위험부담을 최소화하고, 적어도 남과 비슷한 수준에 있을 때 안정감을 느낀다. 이 때문에 많은 부모가 힘들어하는데도 학부모 문화는 굳건히 유지되는 것이다.

희망 보여준 핀란드 교실, 공부법에 이어 가정교육까지

지금 대한민국의 부모들은 공교육보다 사교육이 우월하다고 맹신하고, 아이의 자발성보다 부모가 주도해야 성공한다는 사고방식과, 아이의 관심과 흥미보다는 무조건 성적 경쟁에서 이겨야 한다는 강박관념을 갖고 있다. 그런데 문제는 바로 이러한 교육문화가 아이들의 숨통을 조이고, 아이들이 스스로 건강한 미래를 개척하는 데 장애가 된다는 것이다. 이러한 현실을 인식하고 있는 부모들조차 대한민국의 교육문화에서 쉽게 벗어나지 못하고 있다. 괴롭지만 벗어날 수는 없는 딜레마에 빠져 있는 것이다.

이대로 희망은 없는 것일까. 그러나 다행히도 우리의 교육현실에서 벗어나는 출발점을 발견할 수 있었다. 바로 핀란드였다. OECD에서 주최하는 국제학업성취도 평가에서 줄곧 1위를 하는 나라. 그뿐만 아니라 핀란드의 성공에 우리와 판이하게 다른 교육해법이 있었다.

우리나라에서는 부모의 경제력과 학력이 대물림된다는 인식이 강하다.

부모가 경제력이 있고 많이 배워야 자녀도 성적이 좋다는 것이다. 그런데 핀란드는 누구나 실천할 수 있는 평범한 그러나 강력한 희망을 준다. 핀란드의 교육이 거둔 성과는 우리나라처럼 잘하는 아이들만 추려서 더욱 잘하게 하는 교육이 아니라, 아이들 하나하나의 개성과 재능을 존중하며 한 명도 떨어뜨리지 않고 함께 가는 구조다. 그리고 그것이 현실적인 성공으로 이어지면서 세계의 주목을 받고 있다.

핀란드가 지금 우리에게 왜 중요한지는 본문에서 과학적인 근거와 핀란드의 성과 등을 통해 확인할 것이다. 그보다 먼저 핀란드 교육에서 희망을 찾고 현실적 대안을 마련하여 실천하는 부모들의 경험담을 들어보자. 이들의 이야기 속에서 핀란드가 왜 우리에게 희망인지 생생한 목소리를 통해 발견할 수 있을 것이다.

"학교 가기 싫어하는 아이 때문에 수많은 고통의 나날을 보냈던 고1 아들을 둔 엄마입니다. 《핀란드 교실혁명》과 《핀란드 공부혁명》은 아이 교육만 생각하면 답답하고 암울하기만 하던 나에게 오아시스와 같은 희망을 던져주었습니다. 아이 교육 때문에 핀란드로 이민을 갈 수는 없지만, 핀란드 교육을 잘 배워 적용하다 보면 척박한 우리 교육현실에서도 무언가 할 수 있을 거라는 자신감도 얻었습니다.

타고난 아이의 색깔을 인정하고 지원해주니 아이의 태도가 달라지더군요. 지금은 한 가지 길만 강요하며 아이를 공격하는 현실 속에 든든한 바람막이가 되어주는 부모가 되기 위해 노력합니다. 올바른 교육에 대해 같은 생각을 하는 한 사람이 두 명이 되고 백 명이 되어 그 수가 점점 늘어난다면 언젠가는 우리나라 교육도 믿을 만하고 행복해질 수 있을 것이라 확신합니다."
― 서현고등학교 1학년 남학생의 엄마

"행복한 참 부모가 되고 싶었는데, 힘겨운 학부모로 살아왔습니다. 돈을 많이 벌어서 마음껏 사교육 시키면 마음이 편해질까? 부모 노릇 제대로 하고 싶어 고민하던 차에 핀란드를 만난 건 좋은 이웃을 만난 것처럼 고마운 일이었지요. 학부모가 아니라 참 부모의 역할이 무엇인지 명쾌하게 알려주었습니다."
― 문정중학교 1학년 남학생과 3학년 여학생의 엄마

"대한민국 모든 부모가 흔히 말하는 성공의 조건을 수없이 들으면서 항상 벽에 부딪치는 문제는 부모들이 얘기하는 성공이 내 아이의 행복과 반드시 일치하지는 않는다는 것이었습니다. 너무 높은 대한민국 학교 현실의 벽을 느끼면서 나는 유학을 선택했고, 아이의 행복한 모습을 보며 아직은 감사하고 만족합니다. 그러나 좀더 일찍 핀란드 모델을 알았더라면 굳이 유학을 보내지 않고, 내 아이가 자라는 모습을 가까이서 지켜보며 행복할 수 있지 않았을까 하는 아쉬운 마음이 듭니다."
― 미국 애리조나주 피닉스 소재 고등학교 9학년 여학생의 엄마

"핀란드의 교육에 대한 내용을 접하고 나서 내가 느낀 점은 막연한 부러움의 대상이 아닌 구체적이고 현실적으로 우리 교육현실을 바라보고, 그속에

서 부모로서 나의 역할은 무엇인지 조금 더 생각해볼 수 있는 계기가 되었다는 것입니다. 시스템이나 환경보다 더 중요한 것은 할 수 있다는 희망적인 마음이 아닐까요."
— 낙생초등학교 6학년, 4학년 남학생의 엄마

"핀란드 교육을 보면서, 교육이란 알게 하는 것이 목적이지 낙오시키거나 서열화하는 게 목적이 아니라는 것을 새삼 깨달았습니다. 남과 비교하지 않고 내 아이를 있는 그대로 바라보고 믿으며 기다려주는 든든한 뿌리로서의 역할을 하는 부모가 된다면, 아이 스스로의 힘으로 멋지게 성장할 수 있을 거라는 용기와 희망도 생겼습니다."
— 수내초등학교 2학년 여학생과 5학년 남학생의 엄마

"학생 시절에 시험이 없는 세상을 꿈꾸었던 적은 있었지만 시험이 없는 세상이 실제로 존재한다는 사실은 충격이었습니다. 제가 겪었던 힘들었던 세계를, 아니 어쩜 그때보다 훨씬 더 힘든 환경 속으로 저의 아이도 걸어가야 한다는 게 참으로 가슴 아팠습니다. 하지만 엄마인 제가 노력함으로써 저의 아이가 그렇게 힘들게 공부하지 않아도 된다는 사실을 알게 되어서 얼마나 감사한지 모릅니다. 아이의 잠재력을 키워나가고 즐거운 공부의 추억을 만들어주어서 자신의 꿈을 실현시키고자 할 때 큰 힘을 발휘할 수 있도록 노력해야겠습니다." — 풍천초등학교 4학년 남학생과 7살 여자아이의 엄마

"자녀교육, 부모교육 등 여러 가지 들으면서도 머릿속에만 맴도는 듯한 느

낌이었는데 핀란드 모델을 알고 난 뒤 실질적으로 부모와 아이와의 관계에 대해 정리할 수 있었습니다. 부모나 아이 모두 자기 자신과 싸우며 올바른 길을 찾아 고민해야 한다는 것을 알면서도, 아이의 미래를 위한다는 명목을 내세워 부모의 욕심을 강요하는 나 자신을 다시 돌아보는 시간이었고, 다시 결심을 굳건히 다지는 멋진 기회였습니다. 무엇보다 아이도 스스로, 저도 스스로 일어서서 서로를 바라보는 그런 관계가 되길 바라면서 나의 마음을 다스리는 방법을 터득할 수 있었습니다.
— 미국 버지니아주 페어팩스 소재 고등학교 9학년 남학생의 엄마

"이젠 '핀란드=행복'이라 연상되는 건 저만의 생각일까요? 성공, 쟁취, 일류, 상위 1퍼센트도 모자라 0.1퍼센트라는 수식어가 난무하는 우리네 정서와는 너무나 다른 그들의 생활이 얼마나 부러웠는지 모릅니다. 조건 없이 각기 다름을 인정하고 그것이 당연함을 인정하는 순간 우리에게도 희망은 있다고 믿습니다. 어둠보다는 밝음을 원하고, 한계상황보다는 평온함을 추구하는 것이 본능이니까요. 좋은 것을 보면 따라하고 싶고, 따라하다 보면 나도 그렇게 변해 있을 거라 믿습니다. 핀란드를 멘토로 생각하고 지금 내가 서 있는 이 자리에서 할 수 있는 것이 무엇인지부터 생각해보렵니다. 멀지 않은 미래에 우리 아이들의 행복한 웃음이 세계의 뉴스에 소개되는 그 시간을 꿈꾸며 우선 제 품 안에 있는 이 아이의 행복을 위해, 그리고 나의 행복을 위해 파이팅합니다!
그 흔한 사교육 받아보지 않고, 문제집 없어도 '선생님 말씀만 잘 들으면 80점 이상은 기본이야'를 외치며 오늘도 우주비행사를 꿈꾸는 멋진 딸이

있어 저는 행복합니다."

― 효자초등학교 4학년 여학생의 엄마

    자녀교육은 시행착오조차 해서는 안 될 만큼 중대하고도 섬세한 문제다. 더군다나 자녀교육에 문제가 있으면, 그것은 시간이 지난다고 사라지는 것이 아니라 상처로 남아 계속 영향력을 발휘한다. 그만큼 아이들은 상처받기 쉬운 존재이기 때문에 부모의 관심과 배려가 중요하다. 그런데 우리 부모들은 자녀교육의 가장 중요한 대상인 아이를 바라보는 것이 아니라 이웃 아줌마의 말에 휘둘리고 사교육 논리에 좌지우지되고 있다. 가장 중요한 주체인 아이는 소외시킨 채 말이다.
    우리 교육의 문제점을 인식하고 새로운 희망의 대안을 찾아 열심히 핀란드 배우기를 실천하고 있는 부모들의 이야기는 분명 다른 느낌으로 다가온다. '나도 할 수 있어! 그리고 이제는 행복해질 거야!' 모든 부모의 간절한 소망이 현실에서 하나하나 완성되어가는 모습은 감동적이기까지 하다.

사랑한다면 핀란드 부모처럼

    고백하자면, 핀란드 교육을 알면 알수록 화가 나고 희망보다는 절망 쪽으로 자꾸 마음이 기우는 게 사실이다. 핀란드는 아이를 낳으면 나라에서 키워주지만, 우리나라는 부모가 아이에 대한 거의 모든 것을 책임져야 하기 때문에 힘이 든다. 핀란드는 아이에게 문제가 생기면 사회 시스템이 작동하여 도움을 주지만, 우리나라는 부모가 전문가들을 직접 찾아나서야 하기 때문에 힘이 든다. 핀란드는 공교육만으로 세계 최고 학력을 자랑하지만, 우리나라는 사교육에 의존하는 경향이 강하다. 그래서 부모도 아이도 다 힘이 든다. 핀란드는 우리나라가 몸살을 앓고 있는 학교 간, 지역 간의 학력 차이 문제도 거의 없고, 부모의 경제력이 자녀교육에 영향을 미치는 정도는 비교할 수 없을 정도로 미미하다.

핀란드는 가정과 학교 그리고 지역사회와 교육제도가 절묘한 조화를 이루면서 개개인의 잠재력을 최대한 발휘할 수 있는 우수한 교육환경을 제공한다. 우리나라는 아이들의 교육과 안전 등 양육에 따르는 거의 모든 의무와 책임을 부모가 떠안아야 하는 상황이다.

핀란드는 공부를 못 한다고 아이를 탓하지 않는다. 하지만 우리나라는 아이에게 성적에 대한 모든 책임을 지우는 사고방식에 너무도 익숙하다. 공부를 잘하면 우등생, 못하면 열등생으로 분류하고 낙인찍는 일이 일상이 되어버렸다. 그것은 아이에게 더 잘 달리라는 채찍질이었지만, 결과적으로는 대부분의 아이들을 불행하게 만들어버렸다.

이러한 대한민국의 교육 시스템에서 지금 힘을 내어 학부모 문화를 바꿔가야 할 사람 또한 부모뿐이다. 부모까지 잘못된 문화에 편승하고 잘못된 교육에 가세하여 아이들을 몰아세운다면 아이들이 기대고 위로받을 수 있는 희망은 사라지기 때문이다.

우리 아이들에게 부모가 최후의 보루가 되어주어야 한다. 성적으로 인간성까지 평가하려 드는 교육 실정에 맞서, 부모는 당장의 성적보다는 아이의 미래 가능성을 믿고 응원해주어야 한다. 성적으로 우열을 가리는 교육 행태에 맞서, 부모는 우열이 아니라 다름이라는 가치를 지켜내야 한다. 무한경쟁을 조장하는 사회적 요구에 맞서, 부모는 아이의 성공 못지않게 개인적 행복을 위해 노력해야 한다. 그 길에 나침반이 되어줄 현실적인 지침은 핀란드의 교육에서 분명하게 찾을 수 있다.

많은 전문가가 핀란드와 우리나라의 제도와 문화가 근본적으로 다르기 때문에 비교하는 것 자체가 무리라고 지적한다. 물론 한국과 핀란드는 거의 모든 면에서 다르다고 말할 수 있다. 그러나 핀란드에서 발견한 희망의 코드들은 우리의 가정에서 활용할 수 있는 것이었다. 더 나아가 공교육에서 대안을 찾는 데 참고할 것도 많다고 판단한다.

적극적인 핀란드 배우기, 그중에서도 핀란드 가정에서 부모들이 실천하는 역할을 제대로 이해하고 배우려는 노력이 절실하다. 핀란드의 학교와 가정이 함께 이뤄내는 행복한 교육의 힘을 우리 안에서도 함께 논의하고 발전적으로 대안을 생각하는 분위기를 만들기 위해 앞으로도 꾸준히 노력할 것이다.

온갖 시행착오를 거듭한 끝에 핀란드를 알고 나서 많이 깨달았다는 한 부모의 이야기로 마무리를 대신한다.

"핀란드 교육을 통해 얻은 깨달음 중 제게 가장 중요한 것은 공부가 하기 싫고 못하는 원인을 아이에게서 찾아서는 안 된다는 것이었습니다. 공부뿐만 아니라 생활 모든 면에도 마찬가지고요. 평가를 위해, 점수를 위해 억지로 하는 것이 아니라, 배움을 위해 재미있게 긍정적인 노력을 할 수 있도록 돕는 관점의 변화를 얻게 되어 너무 감사합니다. 사회적 스트레스로부터 완충작용을 하는 울타리가 되어 아이를 지켜주는 부모, 주변의 눈을 의식하지 않고 아이를 바라보고 격려하며 아이의 꿈을 키워주는 부모가 되고 싶습니다."

— 수내초등학교 4학년 남학생과 2학년 여학생의 엄마

2010년 7월

박재원

■ 차례

■ 프롤로그 — 대한민국에서 부모로 산다는 것　_004

1부 부모입니까, 학부모입니까

부모와 학부모 사이　_020
"아이가 언제 제일 예뻐요?" | 초등학교 진학, 전쟁의 시작 | 100점 판타지의 딜레마 | 사교육 약발의 유효기간

내 아이의 미래를 위한 부모혁명　_035
명문대 입학이 성공 보증 수표? | 부모표 매니지먼트의 대가

핀란드 아이처럼, 신나는 공부 로드맵　_043
경쟁 없이 이룬 핀란드 교육의 힘 | 공부에 대한 인식 차이 70퍼센트의 비밀 | 국제학업성취도 1위의 비결 | 즐거운 책 읽기의 힘

▶ 핀란드 가정 통신 01 — 잘 채워진 첫 번째 단추　_056

2부 부모가 믿는 만큼 배우고 익히는 아이들

공부의 재구성　_062
의무가 아닌 특권으로서의 공부 | 타고난 학습 프로그램 개발하기 | 즐거운 공부의 시작, "왜?"

자기주도력 제대로 알기　_073
자기주도 학습, 왜 중요할까 | 세계 학습 효율성 핀란드 1위, 한국 24위 | 자기주도력 키우는 핵심 전략 5가지

부모만 알아보는 내 아이의 성공 지능 _091

교육 선진국은 창의력, 통합학습 열풍 중 | 현재 유망 직종이 10년 후에도 유효할까 |
성공으로 이끄는 정서적 안정성 | 내 아이에 대해 얼마나 알고 있을까 |
아인슈타인, 닉 부이치치를 성공시킨 믿음의 힘

부모의 사랑이 아이의 두뇌를 깨운다 _108

엄마 손은 약손 | 우리 안의 '작은 레인맨' | 뇌 과학으로 본 남녀의 공부법 차이

놀이를 중시하는 핀란드 교육철학 _119

공부 워밍업을 위한 필수 조건, 놀 권리 | 잠자는 것도 공부다

▶ 핀란드 가정 통신 02 — 공중도덕과 독립심 강조 _125

3부 핀란드 부모처럼, 문제해결능력 키우는 자녀교육법

즐거운 공부 추억 만들기 _130

책상에 앉아 있는 7시간 49분 | 성적은 짧고 공부 추억은 길다 |
학습 목표형 vs 평가 목표형 | 생활 속에서 공부 이삭 줍기

스스로 꿈을 그리고 실천하는 아이 _148

꿈을 잃어버린 아이들의 미래 | 아이의 관심사에 주목하라 | 진로 적성 이해의 중요성 |
꿈을 키우는 공부 기초 체력 3가지

학교에서 공부 보물 찾기 _168

존중하고 기다려주는 만큼 강해지는 공부의 힘 | 학교 수업 효율성과 집중력 높이는 습관 | 시험 부담 줄이는 공부습관 | 과목별 교사용 지도서 활용법

영어 몰입교육의 원조 핀란드 따라잡기 _186

습득과 학습의 차이 | 초등 저학년, 영어와 친해지기 |
초등 고학년, 아이 주도형 영어 공부

세계가 인정한 '완자 스킬' _193

아이의 성장을 돕는 핀란드 교육 기술 | 10단계 즐거운 공부 작전

▶ **핀란드 가정 통신 03** ― 도서관에서 자라는 아이들 _206

4부 가정의 혁명, 행복한 동행

부모가 행복하면 아이도 행복하다 _210

만약 아이를 다시 키운다면 | 꿈이 있는 부모의 해피 바이러스 | 행복해지는 작은 실천

공감하고 존중하는 '마음 나누기' _225

아이를 가장 힘들게 하는 사람은? | 아동 체벌에 관한 충격 보고 |
생각의 물꼬를 트는 열린 대화 습관 | 존중받는 아이의 무한한 가능성

가족이 함께 만드는 건강한 환경 _241
일의 순서를 정하는 생활습관 | 게임과 휴대전화에 중독되지 않는 법 | 행복지수를 높이는 가족회의

핀란드의 경쟁력, 이야기 대화법 _254

▶ **핀란드 가정 통신 04** — 직접체험 교육 중요시 _260

■ **에필로그** — 나의, 우리의 어린왕자

_262

TIP
- 부모력 자가 진단 _031
- 자녀의 자기주도성을 키우는 부모 태도 진단 _088
- 공부 추억 체크리스트 _140
- 부모가 생각하는 '공부' 체크리스트 _164
- 컴퓨터 사용 규칙 _248

1부

부모입니까,
학부모입니까

우리는 인생에서 많은 일을 준비 없이 맞이한다.
특히 부모가 되는 것은 인생에 획을 긋는 일대 사건이지만,
부모란 어떤 존재이고 어떻게 아이를 키워야 하는지에 대해
고민하고 부모가 되는 사람은 드물다.
때문에 아이를 키우며 시행착오를 겪고 실수도 한다.
그때마다 가장 상처받는 사람은 바로 우리 아이들이다.
나는 부모로서 얼마나 준비가 됐을까?

부모와
학부모 사이

　자신만만하게 무엇이든 할 수 있을 것 같은 시절이 있었다. 그때 내려다본 세상은 어떠했던가. 손에 쥐고 공기놀이할 듯 아주 작고, 동양화 속 산수처럼 비현실적이었다. 결코 발 담글 것 같지 않은 거리감으로 일상의 사소함을 한껏 조롱할 수도 있었다. 그러던 어느 날 결혼이라는 운명과 함께 곤두박질치고 말았다. 특별할 것 하나 없이 단순하게 반복되는 일상 속으로.
　예상치 못한 인생의 롤러코스터에 현기증을 느끼고 있을 때, 위로와도 같이 한 아이가 나타났다. 드넓은 지구별, 아주 작은 한 지점에 운명처럼 찾아온 아이. 그 아이를 품에 안고 부모로 다시 태어나는 삶은 가슴 뭉클하고 경이로웠다. 그리고 삶은 혁명처럼 변화했다. 밤늦게까지 친구들과 이야기 나누거나 혼자만의 여행을 계획하거나 호젓하게 극장에서 영화를 보고 우아하게 식사하는 일이, 생활과 거리가 먼 로망이 되어버렸다. 삶의 중심이 되어버린 아이를 먹이고 입히고 돌보기 위해서였다.

"아이가 언제 제일 예뻐요?"

부모에게 모든 것을 의존하는 아이를 돌보는 일은 힘겹지만 가슴 벅찬 경험이었다. 아이를 두고 나오면 집으로 돌아가는 길, 마음이 급해지고 발걸음도 빨라졌다. 아이 울음소리가 들리는 듯해 뛰어 들어가면, 아이는 자석처럼 품에 안겼다. 그때 엄마의 가슴을 두드린 것은 일체감이었다. 결코 떨어질 수 없이 강하게 연결된 느낌이었다. '나를 기다렸구나.' '내가 이 아이한테는 세상 전부구나.' 온전히 자신을 필요로 하는 아이를 바라볼 때 엄마의 존재감은 충만해졌다.

아이와 하나라는 느낌에서 엄마는 자신에 대한 복잡한 생각을 잊을 수 있었다. 그 무아지경의 순간에 차오르는 것은 순수한 행복감이었다. 청춘의 시절 자신을 잊을 만큼 사랑하며 행복했던 순간이 영원히 지속되기를 바랐듯이, 아이에게 느끼는 강렬한 끌림은 분리되고 싶지 않은 간절한 심정으로 이어졌다. 그러나 젊은 날의 사랑이 영원하지 않았듯이, 아이와의 강한 일체감에도 금이 가기 시작했다. 부모에게 전적으로 의존하던 아이가 어느 순간 자신의 뜻을 고집하기 시작하면서부터다. 말을 하지 못할 때는 울거나 떼를 쓰며 자기 마음대로 하려 들고, 말을 하기 시작하면서는 부모의 뜻에 정면으로 맞서며 말한다.

"싫어, 안 해."

이때 엄마는 서운함과 함께, 일체감의 추억에 상처를 낸 아이에게 배신감마저 느낀다. '좀 컸다고 올챙이 적 생각 못하고 부모 말을 안 들어. 저를 어떻게 키웠는데' 하는 마음이 된다. 힘들게 키워준 은공을 알아달라는 마음이 어느새 가슴속에 자리하고 있었던 것이다.

또한 부모는 육아를 통해 크나큰 성취감을 경험했다. 자신의 힘으로 아이를 성장시키고 변화시켰다는 뿌듯한 경험이다. 울기만 하던 아이가 말을 하고, 누워만 있던 아이가 씩씩하게 걸어다니는 엄청난 변화만 봐도 그 과정에서 부모가 경험했을 성취감은 이루 말할 수 없다. 그러나 바로 이 때문에 자칫 '내가 너를 이만큼 키워냈다'는 자긍심이 지나쳐 '앞으로도 내 말만 잘 들으면 돼'라고 자신의 생각을 고집하기 쉽다.

아이가 자신의 뜻을 내세우는 것은 부모로부터 조금씩 독립해서 자신의 세계를 만들어가려는 자연스러운 성장과정일 뿐이다. 그 과정에서 부모는 정신적 성장통과 육체적 피로를 겪지만, 그 가슴앓이의 시간을 잘 이해하고 나면 한층 품이 넓어지고 마음도 편안해진다. 그러나 아이의 독립을 부모의 권위에 도전해서 말 안 듣고 제멋대로 하는 것쯤으로 여긴다면, 자녀와의 고단한 힘겨루기를 피할 수 없게 된다.

유아를 둔 엄마들에게 물었다.

"아이가 언제 예쁜가요?"

"잠들었을 때요."

흔히 하는 대답이다. 하루가 다르게 고집이 늘어가는 아이와 실랑이하느라 파김치가 되는 엄마의 심정이 고스란히 드러난다. 그래도 품에 파고드는 아이의 작은 어깨를 토닥이다, 곤히 잠든 얼굴을 바라보노라면 하루의 피로가 풀리며 절로 미소가 떠오른다. 아이를 뱃속에 품고 있었을 때, 엄마의 말과 손길에 미소 짓는 아기와 나누었던 정서적 교감과 생동감이 여전히 존재하는 것이다. 그러나 이러한 정서적 유대감은 아이가 초등학교에 들어가면서 빠르게 변화한다.

"아이가 언제 제일 예쁘세요?"

"공부 잘할 때요."

아이가 학교에 들어가면 '공부(성적)'가 아이를 바라보는 시선에 중요한 척도가 된다. 바로 이 지점에서 부모와 자녀의 관계는 새로운 국면을 맞이한다. '공부'를 매개로 부모는 학부모의 입장에 서고, 아이는 학교와 가정에서 공부에 대한 집중력을 요구받는다. 이때 아이의 성적이 부모의 기대에 차지 않으면, 무한 갈등과 함께 험난한 공부 여정이 시작된다.

초등학교 진학, 전쟁의 시작

유아 때도 아이는 고집을 부렸지만, 부모가 야단을 치거나 매를 들면 무서워서라도 부모의 말을 들었다. 그러나 초등학생이 되면 고집에 논리가 더해져 조곤조곤 따지면서 말대답을 하기 일쑤다. 부모의 앞뒤가 다른 말과 행동을 지적하면서 물고 늘어지기까지 한다. 부모의 말에 순순히 "네"라고 대답하기보다 "싫어요"라는 말을 더 많이 한다. 하라고 하면 안 하고, 하지 말라고 하면 하려 든다.

"얘는 어쩌면 커갈수록 이렇게 말을 안 듣는지. 정말 내 속을 썩이려고 태어난 것 같아요."

엄마들의 하소연이다. 게다가 놀 때는 눈이 반짝이는데 숙제나 공부를 시키면 멍하다. 5분도 앉아 있지 못하고 튀어나갈 궁리만 한다. 다시 집중을 시킬라치면 엉뚱한 이야기를 꺼내 화제를 돌리려 한다. 진득하게 앉아 공부하기를 기대하는 부모로서는 답답하기 그지없다.

'아무래도 주의력결핍 과잉행동장애(ADHD) 아닐까. 도무지 집중을 못하네. 윗집 애는 순하게 말도 잘 듣고 공부도 열심히 하는 것 같던데.'

그러면서 자기도 모르게 아이를 한심한 눈길로 바라보게 되고, 잔소리도 많이 하게 된다.

"우리 애는 꿈도 목표도 없는 것 같아요. 그저 게임이라면 자다가도 벌떡 일어나고."

부모들이 흔히 하는 한탄이다. 공부는 마지못해 하느라 지지부진하던 아이들도 게임이나 노는 것에는 더할 나위 없이 민첩하다. 그 모습을 보면서 부모는 울화가 치민다.

'저래 가지고 앞으로 공부를 제대로 하겠어?'

그런데 이 아이들의 모습에서 살펴야 할 것이 있다. 하나라도 배우라고 내미는 학습지, 시험 점수 잘 받으라고 내미는 문제집을 아이들은 왜 그렇게 싫어할까. 집중해서 풀면 몇십 분 안 걸릴 텐데 왜 그렇게 미적거릴까. 게임할 때는 눈을 반짝이면서 말이다.

"게임은 재미있으니까 그렇겠죠."

그렇다. 바로 '재미'라는 말이 중요한 단서다. 우리 아이들에게 공부는 재미가 없는 것이다. 그리고 학교와 학부모 또한 '공부는 재미없다'고 당연하게 받아들인다.

한 아이가 초등학교에 들어간 뒤 첫 여름방학을 맞았다.

"이제 방학인데 기분이 어때?"

부모의 물음에 아이는 이렇게 대답했다.

"진짜진짜 좋아."

"뭐가 그렇게 좋아?"

"이제 자유라는 거."

자유라니! 초등학교 1학년짜리 입에서 쉽게 나올 수 있는 만만한 단어가 아니다. 순간 부모의 얼굴에 당혹감이 스친다. 아주 복합적인 감정을 담고 있다. 부모는 과연 뭐라고 대꾸할까.

"학교를 얼마나 다녔다고 벌써 자유 타령이야."

부모는 반쯤 코웃음을 쳤고 아이도 히히 웃고는 입을 다물었다. 그리고 그것으로 대화는 끝이 났다.

흔히 볼 수 있는 짧은 대화다. 부모가 심각하게 야단을 쳤다거나 아이가 격렬하게 반응했다거나 하는 문제 상황도 아니다. 그러나 이 대화를 통해서 아이와 부모가 학교에 대해 어떤 생각을 품고 있는지, 그리고 자녀의 생각을 대하는 부모의 대화 태도는 어떠한지를 살펴볼 수 있다. 먼저 이 짧은 대화 속에 숨은 속마음을 살펴보자.

아이 학교는 재미없어요. 답답해요. 그래도 유치원은 재미있었는데.

부모 언제까지 재미있는 것만 찾을래? 이제 학교에 들어갔으니 진득하게 앉아서 공부하는 걸 배워야지. 너도 이제 유아가 아니고 학생이야. 학생은 배우는 사람이라는 뜻이지. 배우려면 학교에 가야 하고, 또

학생들의 열린 사고, 창의성 향상 등을 감안하여 디자인된 스터디센터 내부. 공부하는 공간의 환경에 대해 생각게 한다. 트인 공간도 이색적이지만, 다양한 테이블 모양과 다채로운 색깔도 눈에 띈다. 자유분방함 속에 질서가 엿보인다.

공부를 잘해야 사회에서 성공할 수 있어. 학교라는 게 원래 힘들고 답답한 곳이야. 공부의 길이 워낙 멀고 험하거든. 그 길에서 성공하려면 잘 참고 이겨내야 해. 이제 고작 몇 개월 다녀놓고 뭐가 힘들다고 엄살이야.

아이가 초등학교에 들어가면 어른들은 흔히 이런 말을 건넨다.
"너도 이제 좋은 시절 다 갔다.(→ 이제 노는 것과는 담 쌓고 살아야 해.)"
"앞으로 고생문이 열린 거지 뭐.(→ 공부의 길은 멀고 험하단다. 인내가 필요하지.)"
우리가 '공부(배움)'에 대해 일반적으로 가지고 있는 생각이기도 하다. 그런데 정말 공부란 인내하고 견디며 스스로를 채찍질해야 하는 힘겨운 과정일까?

학교에서는 오랜 세월 일방적인 교육을 시켜왔다. 아이가 공부에 흥미를 잃어갈 때조차 어떻게 하면 재미있게 가르쳐서 집중할 수 있게 할까 고민하지 않는다. 다만 이렇게 말할 뿐이다.

"대학 들어갈 때까지만 힘들어도 참고 죽도록 공부해. 대학만 들어가면 장밋빛 인생이야."

'오늘의 고통이 내일의 행복을 가져온다'는 말로 아이들을 압박(격려)하는 것이다. 하지만 그것이 학교생활을 더욱 견디기 어렵게 만들기도 한다. 공부라는 것이 고통을 참고 이겨내야 하는 힘겨운 과정이라고 인정한 셈이니 말이다.

부모 또한 아이가 숙제를 하지 않고 놀고 있으면, "학교에서 내주는 숙제는 하기 싫어도 하는 거야"라며 야단을 친다. 숙제 때문에 아이와 실랑이하는 엄마에게, 아이가 숙제를 좀더 재미있게 하도록 방법을 찾아보면 어떻겠느냐고 묻자 심드렁한 대답이 돌아왔다.

"숙제라는 게 다 그렇죠. 우리 어릴 때도 그렇게 했잖아요."

부모가 자녀교육에 대해 관습적 경향이 강하다는 것을 알 수 있는 대목이다. 유교문화의 영향 속에서 부모의 권위를 당연하게 여기고, 학교가 오랜 세월 딱딱한 틀로 굳어져왔듯이 부모 또한 성찰의 기회를 갖지 못한 채 부모 세대가 해온 방식을 따르고 있는 것이다. "내 말대로 해." "당연히 해야지." "안 하면 혼난다." 이런 말을 듣고 성장한 부모가 '공부란 어쩔 수 없이 해야 하는 것'이라는 생각을 아이에게 심어주는 것이다.

100점 판타지의 딜레마

부모는 아이를 초등학교에 보내는 순간부터 마음이 무거워진다. 이때부터 대학 입시 경쟁의 출발선에 섰다고 생각해서다. 그래서 시험을 보기 시작하면 점수와 성적에 예민해진다.

"너, 이번 시험에서 꼭 100점 맞아야 돼. 알았지?"

문제집을 풀라고 아이에게 내밀면서 연신 점수 이야기만 늘어놓는다.

"100점만 맞아봐라. 내가 널 업고 다닌다."

"엄마는 내가 100점 맞는 게 그렇게 좋아요?"

"그럼. 그게 부모한테 제일 효도하는 거야. 다른 건 다 필요 없어."

이때부터 착한 아이가 되려면 높은 점수를 받아야 하고, 낮은 점수를 받으면 천하에 불효자식이 되고 마는 것이다. 아이도 100점 맞아서 부모에게 사랑받고 인정받고 선물까지 받고 싶다. 그러나 막상 부모가 내미는 문제집을 풀려고 하면, 온몸이 근질거린다. 그래서 몇 문제 풀다가 자꾸 다른 곳을 기웃거린다. 물 마시려 일어나고, 배고파서 일어나고, 괜히 종이 한번 날려보고, 이것저것 만지작거리며 시간을 보낸다.

집중을 못하고 문제집 한 장 푸는 데 몇십 분을 보내는 아이 옆에서 엄마가 한마디 하고 만다.

"언제 시작했는데 아직도 그 자리야. 그렇게 집중력이 없어서 앞으로 무슨 공부를 하겠어."

"아휴, 뭐 하나 빠릿빠릿하게 하는 법이 없다니까. 도대체 문제 하나 푸는 데도 몇 번을 이야기해야 하냐고. 이제 애도 아닌데 스스로 알아서 해야지 말이야."

"이제 하려고 했다고요."

아이가 볼멘소리로 대답한다.

"곧 죽어도 대들지. '네' 하는 법이 없어."

아이는 문제집을 다시 잡기는 하지만, 너무 화가 나서 눈물까지 나오려 한다.

부모는 그런 아이의 모습을 보면서 가슴이 답답해진다. 학교 공부, 사교육, 시켜야 할 공부는 많은데 아이가 착착 해내지 못하니 한숨이 나오는 것이다. '저렇게 느려터진 소를 어떻게 끌어다 밭을 갈지' 하는 심정이다. 그래서 자녀를 끌어가는 데 한계를 느낀 부모들은 사교육 쪽으로 눈길을 돌린다.

사교육 약발의 유효기간

서울 강남의 대치동은 우리나라 사교육의 박람회장 같은 곳이다. 그곳의 학원에 다니면 성적이 올라가고 명문대 입학에 성공한다는 소문이 파다하다. 그런데 명성을 자랑하는 대치동 학원가에서 공부하여 효과를 본 아이들은 과연 얼마나 될까? 놀랍게도 대부분의 학원 관계자들이 동의하는 비율은 5~10퍼센트다. 만약 그 10퍼센트의 아이들이 대치동이 아닌 동네 학원을 다니거나 혼자 공부하면 어떨까?

"그런 학생들은 어떤 학원을 다니든 큰 차이가 없을 것이다. 혼자 공부해도 충분한 아이들이니까."

초콜릿과 이쑤시개를 이용한 공작에 몰두한 소녀. 아버지는 아이가 하는 모양을 지켜보기만 할 뿐 대신 해주거나 지시하지 않는다.

학원가의 일반적인 대답이다. 그렇다면 90퍼센트는 별다른 효과를 못 볼 뿐 아니라 10퍼센트의 아이들도 이미 준비된 상태에서 왔기 때문에 전적으로 사교육의 도움을 받은 것은 아니라는 말 아닌가.

10퍼센트의 아이들은 혼자 공부하다가 자신이 모자란 부분을 점검하고, 그 부분만 해결하기 위해 학원을 찾은 것이다. 이런 학생들은 학원도 오래 다니지 않는다. 방학 때 자신이 필요한 부분만 채우고는 학원가에서 사라진다. 자신의 공부 페이스가 따로 있기 때문에 학원 시스템에 맞춰 공부하지 않는 것이다.

이 아이들은 어떻게 해야 공부가 잘 되는지, 어느 부분이 부족한지 자신의 상태를 점검하고, 그것을 바탕으로 계획을 짜고 실행한다. 그러나 학원의 일정과 계획에 따르기만 하는 아이들은 스스로 자신의 문제를 점검할 줄 모르고, 자신의 공부 능력에 대한 이해도 부족하다. 스스로 계획을 짜고 실행하는 과정에서 시행착오를 거쳐 문제를 해결해본 경험이 없기 때문에 실전(입시)에서도 좋은 성적을 내기가 어렵다.

학원에 열심히 다니고 고2 때까지 전교 1등을 했다고 해도 3학년이 되면 바로 성적이 떨어지기 시작한다. 고3은 지금까지 공부한 내용을 총정리하는 시간이다. 진도는 다 나갔고, 이제 자신의 장단점을 분석하고 계획을 세워 효과를 최대화하는 공부법을 실천해야 하는데, 혼자서는 해본 적이 없어 방법을 모르기 때문에 성적이 떨어지는 것이다.

물론 사교육이 전혀 효과가 없다는 뜻은 아니다. 그러나 학원은 상업적 이윤 추구가 목적이기 때문에 아이들의 성적을 단기간에 올려야 한다는 목표를 가지고 있다. 성적이 오를 거라는 기대가 없다면 어떤 부모가 아이를 학원에 보내겠는가. 그래서 학원은 아이들을 밀어붙여서라도 성적이 오르도록 한다. 결국 아이들의 페이스에 맞춘 공부가 될 수 없는 것이다. 부모는 조금 오른 성적을 보고 좋아할지 모르지만, 아이는 스스로 공부하는 즐거움을 느껴보지 못한 채 공부에 대해 부담감만을 갖게 된다.

고학년이 되어 소화해야 할 학습량이 늘어나면 공부에 대한 압박과 함께 거부감이 더욱 심해진다. 그래서 회복되지 않는 슬럼프에 빠지고 마는 경우가 비일비재하다. 건강이 나빠져서 고전하거나 심지어 정신과 치료를 받아야 하는 경우도 드물지 않다.

TIP 부모력 자가 진단

우리는 인생에서 많은 일을 준비 없이 맞이한다. 특히 부모가 되는 일은 인생에 획을 긋는 일대 사건이지만, 부모란 어떤 존재이고 어떻게 자녀를 키워야 하는지에 대해 고민하고 부모가 되는 사람은 드물다. 그 때문에 자녀를 키우며 시행착오를 겪고 실수도 하게 되는데, 이때 부모로서 부족함을 깨닫고 잘못을 고친다면 그 과정에서 많은 것을 배울 수 있다. 하지만 대부분의 부모는 자녀에게 무엇을 잘못하고 있는지 모른 채 고집스레 잘못된 길을 가기도 한다. 바로 부모로서의 맹목적인 권위의식에 사로잡혀 부모 역할에 대해 진지하게 돌아보지 않기 때문이다.

특히 아이가 초등학교에 진학하면서부터 부모는 가치관의 중심을 지키는 데 어려움을 느낀다. 사회적 영향력 속에서 부모 역할, 학부모 역할에 대해 혼란을 느끼기 때문이다. 그리고 많은 가정이 공부 문제로 전쟁을 치른다. 무엇을 위해 그처럼 힘겨운 갈등을 벌이는지도 모른 채 말이다.

부모에 기대어 사는 아이들에게 부모의 말과 행동은 인생의 줄기를 바꿀 수 있는 엄청난 영향력을 갖는다. 스스로 자신이 어떤 부모인지 살펴보자. 그리고 어떤 부모가 되어야 할지 돌아보고, 부모와 아이가 함께 행복해지는 길을 찾아야 한다. 공부 문제로 아이와 갈등이 깊어지기 전에, 가정이 서로를 상처 입히는 전쟁터가 되기 전에 말이다.

부모력 자가 진단은 스스로 어떤 부모인지, 아이를 어떻게 대하고 있는지를 살펴보는 내용이다. 해당하는 항목에 체크한 뒤 결과를 확인해보자.

번호	질문	체크
1	나는 잘못한 결과를 놓고 아이를 야단치기보다 잘할 수 있는 방법을 알려주기 위해 노력한다.	
2	나는 아이에게 말로 지시하기보다 행동으로 모범을 보이거나 좋은 분위기를 만들어주기 위해 노력한다.	
3	나는 아이가 좋은 결과를 얻었을 때 칭찬하는 것도 중요하지만 실패했을 때 격려하는 것이 더 필요하다고 생각한다.	
4	나는 아이가 사회적으로 인정받기보다 스스로 행복할 수 있는 사람이 되기를 바란다.	

5	나는 아이가 부모의 뜻을 따라야 한다고 생각하기보다 아이를 독립된 인격체로 생각하는 편이다.
6	나는 지금 당장 아이의 모습보다 앞으로의 가능성을 진심으로 믿는다.
7	나는 아이를 설득하고 훈계하기보다 원만한 의사소통을 위해 노력하는 편이다.
8	나는 아이가 경쟁에서 이기기를 희망하기보다 열심히 노력하는 모습을 더 소중하게 생각한다.
9	나는 아이를 남과 비교할 수 없는 독특한 개성을 가진 존재라고 생각한다.
10	나는 부모로서의 자기만족보다는 아이 스스로 경험하고 성장하는 모습에 기뻐하는 편이다.
11	나는 내일의 성공을 위해 오늘의 행복을 희생하는 아이의 모습보다 지금 행복해하는 모습을 더 소중하게 생각한다.
12	나는 아이의 부족한 점보다 아이가 느끼는 감정에 더 주목한다.
13	나는 주변 사람들이 하는 이야기나 소문보다 아이의 생각이나 의견을 더 존중하는 편이다.
14	나는 부모가 아이를 위해 애쓰고 희생하지 않아도 스스로 잘 성장할 것이라고 믿는다.
15	나는 부모 입장에서 아무리 필요한 것이라고 판단해도 아이가 요구하기 전에는 시키지 않고 기다리는 편이다.

■ 해설

11개 이상 : 부모 역할을 매우 훌륭하게 수행하고 있다. 학부모 역할을 따로 하지 않더라도 아이는 자신의 삶을 주도적으로 이끌어나갈 수 있기 때문에 조금도 걱정할 필요가 없다. 지금 당장은 성적이 다소 부진하더라도 조급해하지 말고 지금처럼 학부모가 아닌 부모 역할에 충실한다면 아이는 성공과 행복을 모두 얻게 될 것이다. 그것이 결국 학부모로서도 성공하는 길이다.

6~10개 : 부모 역할과 학부모 역할이 혼란스럽게 얽혀 있다. 때에 따라, 상황에 따라 역할 모델도 흔들리는 모습이다. 부모로서 자주 반성하고 후회도 하지만 여전히 학부모 역할에 무게가 실려 있다. 지금 당장 학부모로서 아이의 성공을 위해 노력하고 있다고 생각하겠지만, 그것이 결국 부모의 행복도 아이의 성공도 매우 위태롭게 만든다는 점을 깨달아야 한다.

5개 미만 : 부모 역할은 거의 포기한 채 학부모 역할에만 매달리고 있다. 부모의 통제력이 유효한 초등 저학년을 지나면 아이와 갈등이 시작될 수 있다. 아이를 위한 부모의 헌신과 노력이 오히려 역효과로 나타나 아이가 잠재력을 발휘하는 기회를 가로막는 장애요인이 될 가능성이 매우 높다. 그렇게 되면 부모도 불행해지고 아이도 스트레스 때문에 힘들어지게 된다. 이런 상황을 피하려면 지금 당장 변화가 필요하다. 우선 부모로서 스스로 반성하거나 후회해본 적이 있는 항목 세 가지를 정해서 집중적으로 노력해본다. 아이와 관계가 불편해지고 갈등이 지속되면 공부만이 아니라 가정의 행복도 잃게 된다는 사실을 꼭 기억해야 한다.

내 아이의 미래를 위한 부모혁명

대한민국에서 성공의 화두는 무엇일까. 바로 '억울하면 출세하라'다. 부패하고 부정을 저질렀더라도 높은 지위에 오르면 힘과 권력을 행사할 수 있지 않은가. 학벌이 우월감을 표현하며 학연이 권력이 되는 사회에서, 사람들은 그 속에 끼지 못해 억울하게 당하지 않으려면 출세해야 한다고 생각했다. 또한 '돈만 있으면 무엇이든 할 수 있다'는 물질적 가치관으로, 돈을 더 벌려면 많이 공부해서 치열한 경쟁을 뚫고 의사, 변호사 같은 전문직 종사자가 되어야 했다. 그보다 더 현실적으로는 취직도 어려운 시대에 높은 경쟁률을 뚫고 입사하는 것이 성공이 되었다. 그래서 부모들은 자녀의 미래를 위해 초등학교 때부터 성적 경쟁을 벌이기 시작한다.

어느 과학박람회장에서 있었던 일이다. 카메라를 들고 있던 한 엄마가 초등학교 3, 4학년쯤 돼 보이는 남자아이의 등짝을 사정없이 내리치며 소

과학박람회에 참가하여 마찰 현상을 실험 중인 아이들. 실험 주제에 대하여 관찰한 내용을 그룹별로 고민하고, 결론을 도출하기까지 토론을 거듭한다. 협력과 협동을 배우는 과정이기도 하다.

리쳤다.

"너, 어딜 그렇게 기웃거려. 사진 좀 찍자니까. 빨리 똑바로 서!"

아이는 아프기도 하고 당황스럽기도 했는지 눈물이 그렁한 얼굴로 차렷 자세를 했다. 그 엄마는 서둘러 사진을 찍고는 아이를 데리고 또 다른 곳으로 향했다. 아이에게 새로운 것을 보여주기 위해서였을까, 때려가며 붙잡아다 좋은 위치에서 사진을 찍기 위해서였을까.

단순히 체험학습 보고서를 쓰기 위해 왔든, 새로운 것을 배우고 체험해보자는 취지로 왔든, 과학박람회는 아이에게 새로운 것을 보고 배우는 소중한 기회가 될 수 있었다. 그런데 그 엄마는 '아이에게 체험학습의 증명이 될' 사진을 찍어준다는 이유로 아이를 때려가며 몰아댔다. 과연 이날 과학박람회에서 보고 들은 것이 아이에게 즐거운 공부 추억으로 남았을까.

이 광경이 의미하는 것은 무엇인가. 아이가 호기심을 갖고 기웃거리며 배울 수 있는 과정을 짓밟은 채 '사진(성적)'이라는 결과물에 매여 아이를 끌고 가는 부모의 모습을 상징적으로 보여준다. 그것도 아이를 위한다는 명목으로.

명문대 입학이 성공 보증 수표?

우리 사회는 알 수 없는 미래를 불안해하는 개인에 대해 아무런 지원도 해주지 않는다. 결국 개인이 거의 모두 책임져야 한다. 결국 너 나 없이 자격증을 따듯 치열한 학력 경쟁을 벌일 수밖에 없다. 어느 대학에 들어가냐에 따라 인생의 성적표가 달라지기 때문이다.

이러한 현실에서 아이가 남부럽지 않게 살도록 돕고 싶은 부모가 할 수 있는 것은 어떻게든 공부를 시키는 것뿐이다. 그리고 그 일차적 목표점이 명문대 입학이다.

명문대에는 대한민국에서 최고로 우수한 학생부터 순서대로 들어간다. 이런 입시제도 앞에 두 손 놓고 가만히 있을 부모는 없다. 단 몇 점이라도 더 올리려 좋다는 학원을 찾아다니고 아이를 닦달한다. 그런데 자녀의 미래를 위해 이리저리 뛰어다니며 지원해주는 부모에 반해, 정작 열심히 해야 할 아이들의 몰골은 처참하다.

만사가 귀찮은 얼굴이거나 도살장에 끌려온 소 같다. 수많은 학부모와 학생들이 들락날락하는 대치동에서 의욕적으로 공부하는 학생을 찾기는 정말 어렵다. 부모는 아이가 학원에 계속 다니면 성적이 좋아질 거라고 믿지만, 아이는 단지 부모를 설득할 수 없기 때문에 마지못해 다니는 것이다. 자기주장도 없고 의욕도 없이 부모가 정해준 스케줄에 따라 움직이는 학생들이 대다수다. 심지어 자신의 스케줄을 모르는 아이도 있다. 부모가 모두 관리하고 아이는 지시에 따라 움직이기 때문이다.

"넌 공부만 해. 다른 건 다 내가 알아서 할 테니까."

공부 이외의 시간을 아껴준다는 이유에서다. 경쟁의식이 치열하다 보니 아이의 스케줄을 체크해 아이가 공부 외에 다른 데는 신경 쓰지 않도록 관리하는 것이 최고의 부모 노릇이라는 풍습까지 생겨났다. 예의가 좀 없어도, 친구가 없어도 공부만 잘하면 상관없다. 무조건 성적만 잘 나오면 다른 모든 것은 용서가 된다. 아이의 명문대 진학이 유일한 목표이기 때문이다. 그러나 공부에 대해 전체적으로 조망하지 못한 채, 자기 시간 하나 계획하고 관리하지도 못하면서 주어지는 먹이만 받아먹으며 시계추처럼 왔다 갔다 하는 아이에게서 무엇을 기대할 수 있을까. 미래를 이끌 창의력은 고사하고 자기 앞가림이라도 할 수 있을까. 받아먹는 데만 익숙해서 남을 배려할 줄 모르고 제 욕심만 채우는 괴물로 자라는 것은 아닐까.

공부와 관련해서도 부모가 아이의 의견을 존중해야 하는데, 이끌려고만 하는 부모가 아이의 목소리에 귀 기울이기를 바라는 것부터가 욕심이 되어버렸다. 부모에게 "자녀와 의사소통이 됩니까?"라고 물었더니 50퍼센트가 "네"라고 대답했다. 과연 아이들은 어땠을까. 고작 5퍼센트가 부모와 의사소통이 된다고 대답했다. 학년이 올라가고 공부가 가정의 중심 문제가 되면서 의사소통조차 어려워진 것이다.

몇 년 전, 학원에서 학원으로 내몰리던 초등학교 5학년생이 자살한 사건이 있었다. 그 아이가 죽기 전에 남긴 메시지는 다음과 같았다.

'왜 아빠가 일하는 시간보다 더 많은 시간을 공부하는 데 써야 하나? … 나는 물고기처럼 자유롭고 싶다.'

초등학교 5학년, 겨우 12살! 마음껏 뛰어놀고 사랑받아야 할 나이였다.

거창한 꿈 혹은 엉뚱한 꿈을 꾸어도 될 푸른 시절, 아이는 고작 생명을 가진 인간으로서 최소한의 권리만을 이야기했다.

한 텔레비전 프로그램과 시사잡지사가 공동으로 우리나라 초등학교 4~6학년 학생 1천 명을 대상으로 조사했다.

1. 자살하고 싶다고 생각한 적이 있는가? ― 그렇다(27%)
2. 자살을 생각한 가장 큰 이유는 무엇인가? ― 성적 문제
3. 부모와 30분이라도 대화하는가? ― 한다(30%)

상황이 심각한데도 안전한 보호막이자 의지처여야 할 부모와의 대화는 끊겨 있었다. 아이가 물고기처럼 자유롭고 싶다고 간절하게 바랄 때 부모는 "네 미래의 행복을 위해 이렇게 애쓰는 거야"라며, 지시하고 관리하는 '능력 있는 매니저'가 되려고만 했던 것이다.

부모표 매니지먼트의 대가

사람들 대부분이 새로운 물건과 집, 부와 명예, 권력 등을 소망한다. 그리고 그 목표에 다다르면 행복할 거라고 생각하며 목표를 이루기 위해 정신없이 내달린다. 그런데 그것을 차지한 순간, 이내 기쁨이 사라져버리는 것을 발견하고는 당황한다.

명문대 입학을 지상 최대의 과제로 생각하고 아이의 스케줄을 관리하는 대한민국 부모들의 마음도 그 연장선상에 있다. 아이의 미래를 위한다

는 명목으로, 명문대에만 들어가면 성공과 행복이 보장된다는 생각으로 열심히 달린다. 물론 명문대 진학이라는 꿈에 문제가 있다는 것은 아니다. 다만 '지금' 배우는 과정을 즐기지 못한 채 타이틀에 매달려 죽기 살기로 공부한 결과는 허망할 수밖에 없다는 것이다.

일단 힘겨운 경쟁의 과정에서 탈락하는 많은 아이들이 평생 실패했다는 상처를 안고 패배자의 삶을 산다. 설사 명문대에 들어갔다고 해도 환상이 충족되는 것은 아니다. 아이들은 모든 감정을 누르고 고생하며 꿈에 그리던 대학에 들어갔는데, 입학의 기쁨이 너무 짧다는 데 허탈해한다.

하버드대에 가장 많이 입학하는 외국인이 바로 한국인이라는 것은 널리 알려진 사실이다. 그런데 외국인 입학생 중 가장 많이 졸업을 포기하는 사람들도 한국인이다. 오로지 최고 학부에 입학하는 것이 목표였으니 그것을 성취하고 나자 더 나아갈 의욕이 생기지 않았기 때문이다. 또 대학에서 요구하는 새로운 도전과 과제를 도저히 따라갈 수 없어 중도에 포기하기도 한다. 숱한 '오늘'을 짓밟으며 타이틀이 줄 내일의 행복을 기대했지만, 그 기쁨의 유효기간은 생각보다 정말 짧았던 것이다.

흔히 사교육 1번지 대치동 출신으로 서울대에 들어간 엄친아들에게 많은 부모가 부러운 눈길을 보낸다. 그러나 서울대학교 문용린 교수는 그 허상의 실체를 밝히고 있다.

"대학 입학은 결코 교육의 끝이 아니다. 진짜 공부는 사실 그때부터 시작이다. 과연 대치동 학원 출신들이 대학에서도 공부를 잘할까? 부모들은 그럴 거라고 믿겠지만 사실은 기대와 다르다. 학원 교육에 길든 학생들은 자율적인 공부에 익숙지 않다. 대학에서 공부를 잘하려면 무엇보다

왼쪽은 학교 공작 시간. 핀란드 사람들은 생활에 필요한 것들을 일반적으로 만들어 쓴다. 학교에서 배운 기술을 실생활에 활용하는 것이다. 오른쪽은 어머니가 아이에게 그릴을 설치하는 방법을 설명해주는 모습. 핀란드 부모들은 생활에 필요한 기술을 가르치기 위하여 세심한 주의를 기울인다.

스스로 공부하려는 의욕이 중요하다. 그런데 이 아이들은 그 방법을 배울 기회가 없었으니 성적이 떨어질 수밖에 없다. 게다가 대학에 입학하기도 전에 이미 공부에 질린 경우가 많아서 대학 입학 후에는 일단 놀고 보자고 생각하니 공부가 될 리 없다. 그렇게 대학 생활을 한 사람이 사회에 나가서 갑자기 큰 능력을 발휘할 리 만무하다."

 스스로 배우는 즐거움을 아는 사람이라면 새로운 도전을 오히려 더 즐길 것이다. 모르는 것, 궁금한 것을 더 알아가는 과정이 어떻게 힘겨울 수 있겠는가. 이것이 바로 공부의 즐거움을 알고 순간순간 배워가는 사람과 내일의 성공을 위해 오늘을 인내하는 사람의 차이다. 아이가 스스로 배우고 싶은 것을 배우는 자유를 누리도록 하지 않고 명문대 입학만을 목표로 한다면, 과정을 보지 않고 결과만을 중요하게 생각한다면, 아이는 행복해질 수 없다. 아이의 인생과 부모의 인생을 분리해서 바라보지 못하는 한, 부모의 마음속 허전함이 자석처럼 끌어들이는 소유욕을 정확히 바라보지 못하는 한, 밑 빠진 독에 물 붓기처럼 욕망의 갈증은 결코 해소되지 않는다. 그리고 부모의 헛된 욕망에 떠밀려 불행해진 아이가 인생에서 치러야 할 대가는 어떻게 책임질 것인가.

세계적인 긍정심리학자 마틴 샐리그만 박사는 물질이 주는 만족을 바닐라 아이스크림에 비유했다. 처음에는 아주 맛있지만 점점 별 맛을 못 느끼게 되는 것처럼 물질적 기쁨도 그와 같다는 것이다. 지금 내가 좇고 있는 목표는 오늘도 행복하고 내일도 행복한 것인가. 한순간 스쳐 지나갈 만족을 위해 지금 이 순간순간을 무참하게 짓밟고 있다면, 그것이 진정 내가 원하는 삶인가. 반드시 짚고 넘어가야 한다. 부모의 가치관에 인생을 맡겨야 하는 어린아이들을 위해서도 말이다.

핀란드 아이처럼, 신나는 공부 로드맵

대한민국의 교육현실에서 부모에게 이끌려 억지로 하는 공부가 아니라 아이 스스로 행복하고 재미있어하는 공부는 과연 실현할 수 없는 꿈일까. 우리 아이들에게 평생 '공부란 재미없고 괴로운 것, 그래서 인내하며 해야 하는 것'이라는 생각을 심어줄 수밖에 없는 걸까. 그런데 다행히도 우리에게 희망의 대안이 될, 행복한 공부의 롤모델을 보여준 나라가 있다. 바로 핀란드다.

핀란드에서 호기심으로 반짝이는 아이들의 눈빛을 보고 시인이자 교사인 도종환은 눈물지었다. 너무도 상반된 공부 환경에서 어깨를 축 늘어뜨린 우리 아이들을 떠올렸기 때문일 것이다. 그의 시 〈북해를 바라보며 그는 울었다〉에 당시의 심경이 절절하게 묻어난다.

내일 학교 가는 날이라고 하면
신난다고 소리치는 볼 붉은 꼬마 아이들 바라보다
그의 눈동자에는 북해의 물방울이 날아와 고이곤 했다.

푹 빠져서 놀 줄 알아야 집중력이 생긴다고 믿어
몇 시간씩 놀아도 부모가 조용히 해주고
바람과 눈 속에서 실컷 놀고 들어와야
차분한 아이가 된다고 믿는 부모들을 보며
배우고 싶은 내용을 자기들이 자유롭게 정하는데도
교실 가득한 생각의 나무를 보며
그는 피요르드처럼 희고 환하게 웃었다.

아는 걸 다시 배우는 게 아니라
모르는 걸 배우는 게 공부이며
열의의 속도는 아이마다 다르므로
배워야 할 목표도 책상마다 다르고
아이들의 속도가 생각보다 빠르거나 늦으면
학습목표를 개인별로 다시 정하는 나라.
변성기가 오기 전까지는 시험도 없고
잘했어, 아주 잘했어, 아주아주 잘했어
이 세 가지 평가밖에 없는 나라.

'아이에게는 모두 잠재력이 있다'는 믿음으로, 아이들의 호기심과 자유를 배려하고 보호하면서도 국제학업성취도 평가 1위, 국가경쟁력 1위를 이룬 나라, 핀란드.

경쟁 없이 이룬 핀란드 교육의 힘

즐겁고 재미있는 일은 하지 말라고 해도 한다. 친구들과 뛰어놀거나 게임, 비눗방울 놀이를 할 때 아이들은 '인생이 이보다 신날 수 없다'는 얼굴을 하고 있다. 그런데 공부하라고 하면 얼굴이 금방 굳어진다. '공부'라는 단어에서 연상되는 불편한 기억 때문이다.

유치원 때만 해도 아이들에게 공부는 놀이였다. 그런데 초등학교에 들어가자 사정은 크게 달라졌다. 학교와 부모가 '공부'라는 이름으로 아이에게 똑바른 자세, 집중력을 요구하기 시작했다. 아이가 공부하다 다른 곳에 관심을 두거나 잠깐 움직여도 자세가 안 되어 있다고 다그쳤다. 그리고 부모가 본격적으로 경쟁의식을 불어넣고 비교하기 시작했다.

"□□형은 1등이래. 얼마나 공부를 열심히 하는지 몰라. 너도 그 형처럼 될 수 있지?"

"△△언니는 네 나이 때 이거보다 몇 배는 더 많이 공부했어. 뭐 이 정도 가지고 투정이야. 네 친구들한테 물어봐라. 다 너보다 공부 많이 하지."

아이는 나풀나풀 나비처럼 가볍고 즐겁게 공부하고 싶은데 모래주머니를 매달고 달리는 듯 피로감이 몰려온다.

부모는 경쟁의 현실을 일러주었을 뿐이고, 그 말이 아이에게 자극이 되

왼쪽은 역사 수업 장면. 아이들은 역사 속 한 사건을 연극을 통해 간접 체험함으로써 자연스럽게 역사에 관심을 갖게 된다. 오른쪽은 시벨리우스 공원의 음악기념비. 음악 수업 때 아이들이 자주 방문하는 대표적인 장소 중 하나다.

기를 바랐겠지만, 그 효과는 오히려 반대로 나타난다. 아이는 더 열심히 공부하는 것이 아니라 '공부'라는 말만 들어도 야단맞고 비교당한 때가 생각난다. 그래서 '하기는 해야 하지만 왠지 하기 싫은 것'이 되어버려 자기도 모르게 딴 짓을 하고 만다. 이처럼 아이가 공부에 대해 거부반응을 보이는 것은 부모와 학교가 부정적인 정서를 심어놓은 결과다. 어른들이 공부를 짐처럼 여기게 만든 것이다.

2000년부터 경제개발협력기구(OECD)가 실시하는 국제학업성취도 평가(PISA,피사)에서 3회 연속 1위를 기록한 핀란드는 우리와 정반대의 교육철학을 가지고 있다. 우리가 '경쟁'을 통해 공부 동기를 부여하며 자극을 주는 데 비해, 핀란드는 의무교육 기간인 16세까지 등수를 매기지 않는다. 친구와 경쟁도 하지 않는다. 오히려 학습능력이 뒤처지는 아이들을 배려하며 한 아이도 떨어뜨리지 않고 함께 가는 '협력'과 '협동'의 구조를 중시한다. 심지어 경쟁은 스포츠에나 필요할 뿐 교육에는 부작용만 일으킨다고 여긴다. 이는 핀란드가 40여 년의 교육 개혁 과정을 거치면서 검증한 결과기도 하다.

2006년 PISA 결과에서 핀란드의 교육 수준은 다른 회원국들과 비교할 때 거의 1년 정도 앞선 것으로 나타났다. 핀란드와 한국, 두 국가만이 세 개 과목 모두 상위 5위 안에 드는 우수한 성적을 거두었는데, PISA 담당자는 핀란드와 한국이 거둔 성과에 대해 이렇게 말했다.

"한국 학생들이 세계에서 가장 우수한 아이들에 속하지만 세계에서 가장 행복한 아이들은 아닙니다. 공부를 굉장히 많이 해야 하고 아이들 사이의 경쟁도 치열합니다. 그래서 한국 학생들은 핀란드 학생들에 비해 공부에 대한 의욕이 매우 낮습니다."

두 나라 똑같이 학력은 최고 수준인데 크게 다른 점이 있다. 한국은 가장 공부를 많이 해서 얻은 학력이고, 핀란드는 공부 의욕과 흥미를 통해 얻은 결과다. 특히 세계의 교육 관계자들이 주목하는 점은 핀란드 아이들이 행복하다는 것이다. 무한경쟁 속에서 1등도 결코 행복하지 않은 한국에 비해, 핀란드는 등수도 없고 경쟁도 없어 전체 학생이 행복하다는 것이다.

공부에 대한 인식 차이 70퍼센트의 비밀

공부하지 않으려는 아이들에게 우리 부모들은 입이 마르도록 외친다.
"다 너 잘되라고 공부하라는 거야."
그 말은 부모의 진심이다. 공부가 사회에서 출세할 수 있는 가장 빠른 방법이라고 믿는 부모들이 아이를 위해 충심으로 해주는 조언인 것이다. 그런데 부모의 안타까운 마음과 달리 아이들의 반응은 시큰둥하다 못해 불만스럽기까지 하다. 우리 아이들 가운데 능동적으로 자기 자신을 위해 공부하는 경우가 과연 얼마나 될까. 정작 아이들의 표정은 이렇게 말하고 있다.

'엄마 아빠 때문에 어쩔 수 없이 하는 거야.'

왜 이런 현상이 나타날까. 스스로 하기를 바라는 부모의 바람과 달리 아이들은 왜 '부모를 위해서' 마지못해 공부하는가. 《핀란드 교실혁명》에 나오는 아이들은 우리와 판이하게 다르다.

> 핀란드를 방문해서 외국어를 공부하는 고등학생에게 물어보았다.
> "핀란드에서는 누가 시키지 않아도 자신을 위해 스스로 공부한다는데, 그게 정말인가요?"
> "자신을 위해 공부하는 건 당연하죠."
> 모든 학생이 이구동성으로 대답했다.
> "그리고 우리가 공부를 하든 말든 선생님한테는 결국 남의 일인걸요."

우리 아이들은 공부해라, 공부해라 잔소리를 해야 겨우 책상에 앉는데, 핀란드 아이들은 스스로 공부한다는 것이다. 그것도 자기 자신을 위해서 말이다. 부모의 인정을 받으려고, 선생님에게 야단맞지 않으려고 하는 공부가 아니라 스스로 원해서 공부를 한다는 것이다. 우리와 달라도 한참 다르지 않은가.

만약 우리나라 아이들이 누가 시키지 않아도 공부를 한다면 대부분의 교육 문제가 사라질 것이다. 그런데 대한민국의 아이들은 시키지 않으면 공부하지 않는다. 안 하는 공부를 하게 하려고 지금 우리는 엄청난 비용과 노력을 쏟아 붓고 있는 것이다.

15세 창의력 테스트에서 1등을 한 스웨덴의 학습 분위기도 핀란드와 비슷하다. 선생님은 끊임없이 "어째서? 왜?"라고 묻고, 아이들은 쉬는 시간에도 수업시간에 진행했던 주제에 대해 토론을 계속해간다. 새로운 주제에 대한 호기심과 열의가 있기 때문이다. 스웨덴 학생들에게 학교생활은 교과서를 달달 외우는 것이 아니라, 지식을 엮어 새로운 결론을 찾아가는 즐거운 탐색과 모험의 시간인 것이다.

한 기자가 스웨덴의 대학생과 교육 관련 인터뷰를 하면서 "한국의 학교에서는 문제 풀이 요령을 배우는 것으로 수학, 과학 공부를 대신하는 경우가 종종 있다"고 말하자, 그 대학생은 믿기 힘들다는 표정을 지었다.

"혹시 아주 예외적인 경우를 과장해서 말하는 것 아닌가?"

"그렇지 않다."

"학생들이 가만히 있는가? '재미'도 없고 '쓸모'도 없는 일을 강요하는데 저항하지 않는다는 말인가?"

그 학생은 도무지 이해할 수 없다는 표정이었다.

위의 두 예에서 살펴본 핀란드와 스웨덴 학생의 대답에는 공통분모가 있다.

'공부는 자신을 위해서 하는 것이다.'

'공부는 문제를 푸는 요령을 익히는 것이 아니라 모르는 것을 배워가는

것이다.'

그런데 우리나라에서 이와 같은 명제를 자연스럽게 들을 수 있을까. 솔직한 생각을 묻는다면 "이상적인 이야기일 뿐"이라고 대답할 것이다.

이러한 인식 차이는 학교를 대하는 아이들의 느낌에서도 판이하게 달라진다. 핀란드 아이들은 학교 가는 것을 매우 즐거워한다. 그러나 우리 아이들은 어떤가. 학교 가지 않는 날이면 신난다고 만세를 부른다. 아마 부모들도 핀란드 학생들의 반응이 의아할 것이다. '학교생활은 힘들다'는 고정관념이 부모에게도 있기 때문이다.

그렇다면 공부, 학교에 대한 느낌이 왜 이렇게 다를까. 학습 흥미도 조사에서도 우리나라 아이들의 70퍼센트가 '공부는 지겹다'고 한 반면, 핀란드 아이들의 70퍼센트는 '공부가 재미있다'고 답했다. 핀란드 아이들이 공부에 대해 특별히 적극적이고, 대한민국 아이들은 태생이 소극적이어서 그럴까. 물론 그렇지 않다. 스웨덴 대학생의 말에서 공부의 중요한 키워드를 발견할 수 있는데, 그것은 바로 '재미'와 '쓸모'를 경험했느냐 못했느냐의 문제다.

국제학업성취도 1위의 비결

핀란드 아이들은 정답지가 바로 옆에 있어도 커닝을 하지 않는다. 성적이 중요한 것이 아니라, 공부란 모르는 것을 배워가는 과정이기 때문에 점수에 연연해하지 않는다. 그래서 학습능력이 좀 떨어져 유급을 하더라도 부끄러워하지 않는다. 모른다는 것은 부끄러운 것이 아니며, 오히려 모르는 것을 확실히 배우지 않고 졸업하는 것이 더 부끄러운 일이라고 생각하기 때문이다. 배움에 대한 가치관이 확실히 우리와 다르다. 한국 학생들의 부정 의혹 때문에 토플 시험 방식이 두 번이나 바뀌었고, 미국 대학수학능력시험(SAT)에서는 문제 유출 가능성이 있다는 이유로 전체 성적이 무효 처리되기도 했으며, 심지어 교사인 어머니가 같은 학교에 다니는 자녀의 성적을 조작하다 걸린 사건도 일어난 대한민국과 비교해본다면 말이다.

이처럼 우리는 좋은 성적을 얻기 위해서라면 파렴치한 수단과 방법도 마다하지 않을 정도인데, 핀란드의 교육은 중요한 역설을 증명하고 있다. 성적에 신경 쓰지 않고 모르는 것을 배워가는 재미를 알 때 오히려 성적이 오른다는 것이다. 1등을 목표로 공부하지 않는 핀란드가 역설적으로 OECD에서 주최하는 국제 학업성취도 평가 1위, 스위스 국제경영대학원 국가경쟁력 조사 교육경쟁력도 1위다.

이와 함께 핀란드는 세계 교육 관계자들의 관심을 한 몸에 받고 있다. 매년 미국 대학 종합평가를 집계해온 시사주간지 〈U.S. 뉴스 & 월드 리포트〉는 교육 부문에서 가장 본받을 나라로 핀란드를 꼽았다. 미국도 공교육 개혁을 위한 교육 모델로 핀란드를 주목하기 시작한 것이다.

그렇다면 핀란드를 교육의 메카로 주목받게 한 PISA는 과연 무엇일까. PISA는 OECD가 회원국과 비회원국을 대상으로 실시하는 학업성취도 국제비교 연구 결과다. 만 15세 청소년의 읽기, 수학, 과학 등 세 분야에 대한 성취 수준을 평가한다. 2000년부터 시작해서 3년마다 한 번씩 실시하는데, 2006년에는 모두 57개국이 참여해서 가장 권위 있는 국제학력

평가로 꼽히고 있다.

　PISA는 공정한 비교 조사의 지표를 위해 고안되었다. 지식을 묻거나 지적인 조작이 요구되는 문제를 반으로 줄이고, '지식과 능력, 경험을 바탕으로 실생활과 관계되는 일에 어떻게 대처할 것인가'를 알아보는 문제와 '스스로 대답한 것을 가지고 문장 혹은 어구로 표현하는 자유 기술식' 문제를 추가했다. PISA는 우리에게 친숙한 '더 빨리, 더 정확히, 더 많은' 문제를 풀어 지식의 양을 측정하는 학력평가와는 목적을 달리한다. 또한 '역량'이라는 실천적인 능력에 주목한다. PISA 관계자의 말이다.

　"PISA의 조사 결과는 TIMSS(수학·과학 성취도 비교 연구)와 다르다. TIMSS의 조사에 사용되는 소재들은 각 참가국의 커리큘럼을 분석하여 이를 기반으로 구성되어 있다. 그래서 대다수 참가국의 커리큘럼에서 공통된 소재를 기본으로 한다. 이에 반해 PISA 2000은 현대사회에 잘 적응하며 사회에 유익한 일을 하고 공헌할 수 있는 개인의 능력을 키우는 데 중요한 기능과 '역량'의 영역을 포함한다."

　PISA는 실천력, 응용력, 사고력, 창조성을 현대사회에 꼭 필요한 핵심 역량으로 제시했다. 그리고 이러한 역량을 충실히 잘 갖춘 핀란드 교육이 PISA를 통해 인정받으면서 현대 교육의 비전을 보여준 나라로 주목받기 시작한 것이다.

즐거운 책 읽기의 힘

　핀란드는 평생교육 시스템이 정착된 나라다. 모든 국민은 국가의 지원

핀란드의 어린이도서관 정경. 실내 놀이기구도 마련해놓아 아이들이 도서관을 놀이 공간처럼 친숙하게 여기도록 배려한다(오른쪽). 도서관에 구비된 컴퓨터로 공부를 하거나 게임을 즐기기도 한다(왼쪽).

을 받아 언제든지 자기가 원하는 때에 필요한 교육과 훈련을 받을 수 있다. 그래서 직업학교를 졸업하고 직장에 다니다 대학에 들어가 공부할 수도 있고, 지방 자치단체의 성인교육 프로그램을 이용해 필요한 부분을 배울 수도 있다.

배움이 일상화된 핀란드를 단적으로 이해할 수 있는 것이 공공도서관과 책 읽기의 힘이다. 핀란드 사람들은 도서관에서 책과 CD, 그리고 기타 자료를 연평균 20개 이상 대출한다. 한국은 연평균 도서관 이용률이 24.7퍼센트인 데 비해 핀란드는 67.8퍼센트다. 핀란드에는 도서관이 동네마다 있기 때문에 아이부터 노인까지 동네 사랑방처럼 이용한다. 도서관이 먼 동네에는 일주일에 한 번씩 책을 실은 도서관 버스가 찾아간다. 또한 큰 쇼핑몰 안에도 도서관이 있어서 쇼핑을 갔다가 가족끼리 자연스럽게 도서관에 들르기도 한다.

도서관마다 아이들을 위한 배려가 남다르다. 어느 도서관이든 아이들이 이용하는 공간을 많이 할애하고 실내 놀이기구들도 마련해놓는다. 일주일에 한 번 이상 구연동화 등 다양한 이벤트도 벌인다. 그래서 핀란드 아이들은 도서관을 놀이터처럼 즐겁게 드나들며 책과 가까이 지낸다. 읽기 교육을 강조하는 교육 정책과 공공도서관의 활성화와 같은 문화적 배경 탓이다. 이를 증명하듯 핀란드 학생들의 독해력은 세계 1위다.

핀란드 아이들은 읽고 있는 책 속의 말이나 내용에 의문이 생길 경우, 인터넷이나 백과사전을 이용해 스스로 이해할 때까지 찾아본다. 책 읽기를 통해 하나하나 알아가는 즐거움을 체험하고, 책에서 쓸모 있는 정보를 찾아내는 것이다.

책 읽기의 힘은 흔히 생각하듯 논술 실력을 키워주는 정도에서 머무는 것이 아니다. 책 읽기는 체계적으로 사고하는 두뇌의 힘을 길러준다. 책을 읽다 보면 누구의 도움도 받지 않고 자기 스스로 생각하면서 의미를 파악하는데, 이 과정이 매우 수준 높은 두뇌 활동이기 때문이다. 책 읽기의 힘이 두뇌 엔진을 강하게 하고, 수많은 상황(과정)을 이해하는 힘이 문제해결력으로 발휘된다. 그래서 책을 많이 읽은 아이들이 초등 시절에는 성적이 좀 떨어지더라도 나중에는 공부를 잘하게 된다.

또한 무엇보다 중요한 것은 책 속에 수많은 배움의 길이 있다는 것이다. 책에서 긍정적인 자극을 받은 아이는 능동적으로 인생을 설계하고 새로운 길을 개척해나간다.

전 세계의 많은 사람들이 빌 게이츠에게 성공 비결을 묻는다 의외로 그의 대답은 평범하다.

"오늘의 나를 만든 것은 조국도 아니고 어머니도 아니다. 내가 살던 작은 마을의 도서관이었다."

'책 읽기가 한 사람의 인생을 바꾸어놓는다'는 격언을 현실로 보여주는 대답이 아닐까.

카이스트 안철수 교수는 초등학교 때 60명 중 30등을 할 정도로 평범한 학생이었다. 하지만 책 읽기를 아주 좋아해서 도서관에 있는 책을 거의 다 읽었을 정도라고 한다. 도서관 사서는 안철수가 매일 책을 빌리는 걸 보고는 장난치는 줄 알고 다시는 책을 빌려주지 않겠다고 말할 정도였다.

그렇게 책만 읽던 그는 고등학교에 들어가서야 공부에 두각을 나타내기 시작해 1등을 하고 의대에 들어갔다. 책 읽기의 힘은 그처럼 스스로 공부하고 좋은 성적을 내는 데 그치지 않고, 그가 인생의 수많은 갈래 길에서 후회 없이 자신의 길을 찾아가는 데 큰 동력이 되었다.

"한 권의 책이 평범한 사람의 인생을 바꿔놓고, 역경을 이기는 힘의 원천이 된다. 내가 중년의 나이에도 새로운 일에 도전할 수 있는 힘의 근저에는 책이 있었다."

초등 시절 아직 공부에 대한 느낌이 굳어지지 않았을 때 배우는 즐거움, 하나씩 알아가는 기쁨을 경험할 수 있어야 한다. 그래야만 배움의 뿌리를 튼튼하게 내릴 수 있다. 이때 배움의 싹이 잘 자라는 땅, 환경이 중요하다. 대한민국의 척박한 교육 현실에서 아이가 믿고 기댈 데라고는 부모밖에 없다. 여린 새싹인 아이에게 부모는 땅이고 하늘이고 공기다.

핀란드
가정 통신
01

잘 채워진 첫 번째 단추

핀란드 정착 초기, 핀란드 가정을 처음 방문했을 때를 지금도 기억한다. 그 집 주인장은 2개월밖에 안 된 신생아의 엄마였다. 그녀는 직장을 다니는 여성이었지만 당시 육아 휴직을 받아 집에서 아이를 돌보고 있었고 더구나 모유로 아이를 키우고 있었다.

지금은 한국도 모유가 다시 각광을 받고 있지만, 내가 한국을 떠났던 1990년대 말 한국은 분유로 아이를 키우는 것이 대세였다. 당시에는 분유 제품 광고가 텔레비전이나 신문에 유난히 많이 등장해 분유가 아이의 건강에 얼마나 좋은지 전 국민에게 세뇌시키기도 했다. 이런 사회적 분위기에 자연스럽게 젖어 있던 나도 아이를 낳으면 분유로 키우겠다고 막연히 생각했다.

그러던 중 핀란드라는 선진화되고 잘사는 나라에서 모유 수유를 하는 엄마를 처음 맞닥뜨렸을 때 당황스럽고 낯설다는 느낌을 넘어 약간의 거부감까지 느꼈다. 그러나 그후 핀란드 엄마들은 특별히 모유 수유에 어려움이 있는 소수를 제외하고는 대부분이 모유로 아이를 키운다는 사실을 알게 되었다. 물론 모유가 분유보다 얼마나 아이에게 좋은지도 여러 통로를 통해 들었다. 내가 초기에 느꼈던 거부감은 어느새 눈 녹듯 사라지고 나도 '그들처럼' 세 아이 모두 모유로 키웠다. 사회적 분위기가 가정의 문화를 어떻게 바꾸는지를 스스로 체험한 셈이다.

핀란드 여성들은 대부분이 직업을 가지고 있다. 지금까지 주위에서 전업주부를 본 적이 없을 정도다. 핀란드의 워킹맘들이 마음 놓고 아이들을 모유로 키울 수 있는 것은 국가에서 법으로 잘 정해놓은 출산과 육아휴직 제도 덕분이다. 아이를 낳은 후 3년까지 육아휴직을 신청할 수 있으며, 복직은 100퍼센트 보장된다. 이런 혜택을 기반으로 엄마들은 아이가 2~3세가 될 때까지 육아휴직 수당을 받으며 집에서 전업주부와 엄마로서 지낼 수 있다.

많은 교육 전문가들은 아이의 지적 능력과 인성이 3세 이전에 대부분 형성되기 때문에 이 시기가 아이의 미래를 결정하는 데 가장 중요하다고 말한다. 이런 중요한 시기에 남의 손이 아닌 엄마 품에서 모유를 먹으며 엄마와 많은 시간을 보낼 수 있는 핀란드 아이들은 성장의 첫 단추를 그야말로 제대로 채운다고 말할 수 있다.

세 살은 셋까지만

핀란드에서는 지식을 전달하는 주지적 유아 조기교육을 찾아보기 어렵다. 읽기, 쓰기, 영어, 컴퓨터 등을 배우는 교육기관 자체가 핀란드에는 거의 없다시피 하다. 핀란드 유치원의 시간표만 봐도 '놀이', 식사 그리고 '수면' 시간만 있을 뿐이다.

그 이유는 핀란드 유아교육의 핵심이 지식 위주의 조기교육이 아니라 실내외에서의 건전한 놀이를 통해 건강한 몸과 마음을 키워나가는 것이기 때문이다.

이런 놀이를 통해서 핀란드 아이들은 어린 시절부터 스스로 배우는 법을 터득하기 시작한다. 아이들이 놀이만 할 경우, 너무 '느리게' 배운다고 생각하는 의견도 있을 것이다. 그러나 만약 이 '느린' 놀이를 참지 못하고 옆에서 과도하게 도움을 주면 아이는 스스로 배우고 성공할 수 있는 기회를 빼앗기게 되며, 결국에는 타인에게 의존하는 학습 방법에 익숙해지게 된다.

우리나라 부모들은 아이가 세 살만 되면 기다렸다는 듯이 한글을 가르치기 시작하지만, 핀란드의 세 살짜리 아이는 스스로 셋까지만 깨우치면 정상이라고 본다. 연령에 맞지 않는 지식을 서둘러 습득하는 것은 효과가 없다는 것이 핀란드 유아교육 전문가들과 핀란드 부모들의 공통적인 믿음이다.

이런 이유로 핀란드에서는 초등학교 입학 전 읽기 능력을 갖춘 아이들이 많지 않다. 읽기는 초등학교 1학년부터 학교에서 정식으로 가르친다.

음악 교육도 같은 맥락에서 이루어진다. 6~7살 이하의 아이들은 실제로 피아노나 바이올린 등 악기 연주법을 배우는 경우가 거의 없다. 동네마다 개설되어 있는 유아 음악교실은 악기 연주를 배우는 곳이 아니라 아이들이 음악을 통해 즐겁게 노는 곳이다. 선생님이 연주하는 곡을 들으며 아이들은 춤을 추거나 연상되는 그림을 그린다.

음악, 미술 등 아이들의 예체능 취미 생활은 핀란드에도 상당히 활성화

되어 있는데 보통 다섯 살 이하의 유아 취미교실은 부모와 함께 참여하는 경우가 많다. 엄마와 함께하는 음악교실, 엄마와 함께하는 수영교실 등. 부모들은 직장 생활로 바쁘지만 바쁜 시간을 쪼개 가능한 한 아이와 많은 시간을 보내려고 노력한다.

이보영
서울대학교 동양사학과 졸업. 미국 아이오와 주립대학교 교육공학 석사. 1999년부터 핀란드에 거주하며 미코, 이다, 마티 세 아이를 키우는 엄마이자, 국내 언론사의 헬싱키 통신원으로 활약 중이다. 《핀란드 부모혁명》에 수록된 '핀란드 가정 통신'은 헬싱키에서 세 아이를 키우면서 느낀 인상을 솔직하게 기록한 체험담이자 생생한 현지 보고서다.

2부

부모가 믿는 만큼 배우고 익히는 아이들

위스콘신 의과대학의 대럴드 트레퍼트 교수는 말한다.
"아이에게 무엇이 결여되어있는지를 보지 말고
무엇이 있는지를 보라. 그러면 아이는 변할 것이다."
대문호 괴테는 말했다.
"인간은 보이는 대로 대접하면 결국 그보다 못한 사람을 만들지만,
잠재력대로 대접하면 그보다 큰 사람이 된다."
나는 아이를 얼마나 제대로 바라보고 있을까?

공부의 재구성

심리학자 도널드 헤브는 6~15세 학생 600명을 대상으로 다음과 같은 실험을 했다.

아이들에게 "이제 더 이상 공부하지 않아도 된다"고 선언한 후, 아이들이 교실에서 행동을 잘못하면 벌로 밖에 나가서 놀도록 하고, 바르게 행동하면 상으로 교실에서 공부하도록 시켰다. 그 결과는 어땠을까.

하루 이틀이 지나지 않아 모든 아이가 노는 것보다 공부를 택했다. 그리고 전보다 더 열심히 공부했다. 이것이 의미하는 바는 무엇일까. 아이들은 '공부'를 원래 싫어하는 것이 아니라 강요된 공부를 싫어할 뿐이다. 하버드 대학교의 긍정심리학자 탈 벤 샤하르는 이 실험과 관련해 이렇게 말했다.

"만약 우리가 교육을 의무가 아니라 특권으로 재구성할 수 있다면, 그리고 아이들을 위해 그렇게 할 수 있다면, 아이는 더 많이 배우고 더 성공하게 될 것이다."

의무가 아닌 특권으로서의 공부

초등학교 1학년 때 학교에서 쫓겨난 아이가 있었다. 《창가의 토토》 저자인 구로야나기 테츠코다. 그녀는 아사히 텔레비전 토크쇼 진행자로 20년 넘게 활약중이고, 유니세프 친선대사로 전 세계 아동들을 위한 구호활동을 펼치고 있다. 그런데 고작 초등학교 1학년의 아이가 왜 학교에서 쫓겨났을까. 아이는 수업시간에 책상 뚜껑을 여닫고, 창가에 서 있기도 하고, 교실 지붕 밑에서 집 짓는 제비와 이야기 나누는 등의 행동으로 선생님에게 수차례 지적을 받았다. 한마디로 '수업 방해죄'였다.

다른 학교로 보내라는 선생님의 이야기를 듣고 엄마는 충격을 받았지만 아이를 나무라지는 않았다. 호기심이 많고 새로운 것을 보면 신기해하는 토토를 이해하고 있었던 엄마는 퇴학당한 사실을 아이에게 말하지 않았다. 다만 이렇게 이야기했을 뿐이다.

"다른 학교에 한번 가보지 않을래? 좋은 학교라는데."

그리고 아이는 평생 잊지 못할 학교와 교장선생님을 만난다. 훗날 《창가의 토토》를 세상에 내놓은 뒤 이렇게 말했다.

"아이들을 정말로 사랑하고, 어떤 아이라도 재능과 뛰어난 개성을 갖고 있다는 것을 진심으로 믿고 정열로 대했던 교장선생님이 있었다는 사실을 잊기 전에 써두고 싶었다."

초등학교에서 포기한 문제아 토토를 변화시킨 학교의 분위기는 어떤 것이었을까.

아침에 학교에 가면 아무 데나 마음에 드는 자리에 앉는다. 칠판에는 하루에 할 공부의 전 과목 문제가 씌어 있다. 그중에서 좋아하는 것부터 하면 되었다. 스스로 공부하다 모르는 게 있으면 선생님에게 가서 묻는다. 선생님과 일 대 일로 공부하는 것이다. 이 때문에 선생님도 학생 한 명 한 명이 어떤 것에 흥미를 갖고 있고, 어떤 것을 싫어하거나 못하는지 잘 알 수 있었고, 아이들의 성격도 자세히 알게 되었다. 그 학교에는 장애 어린이도 몇 명 있었지만, 무엇이든 함께했으므로 왕따도 없었고 서로를 잘 이해했다.

토토는 이 학교에서 사랑을 배우고, 즐거운 공부를 경험할 수 있었다. 아이의 호기심을 이해한 엄마와 아이의 개성을 인정한 선생님이 없었다면, 어린 나이에 학교에서 쫓겨난 토토는 사회에 적응하지 못한 채 평생 고통받았을지 모른다. 그런데 토토와 같은 아이가 수업시간에 교실을 왔다 갔다 해도 쫓겨나지 않을 뿐 아니라 야단도 맞지 않는 곳이 있다. 흔히 생각하는 대안학교일까? 그렇지 않다. 바로 핀란드의 교실 풍경이다. 심지어 소파까지 둔 교실도 있다. 핀란드는 PISA에서 최상위 성적을 올려 세계 최고의 학력국가로 떠올랐다. 그 때문에 세계 각국에서 수많은 교육 관계자들이 줄을 이어 핀란드를 찾아갔는데, 교실에 떡하니 자리한 소파를 보고 놀라는 사람이 많았다. 핀란드 선생님은 이렇게 설명했다.

"아이들이 학교를 집처럼 느끼게 하기 위해서입니다. 불안해하지 않고 학교에 잘 적응하는 데 도움이 됩니다."

동화에나 나오는 교실 풍경이라고 생각할지 모르겠다. 우리는 초등학

 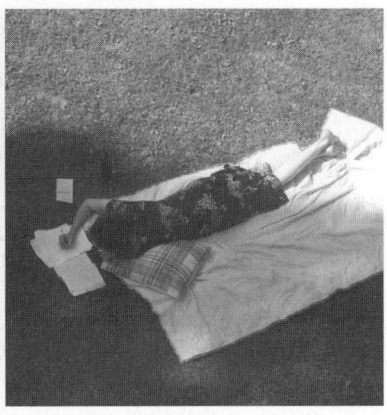

핀란드 학교에서는 숙제를 강요하지 않는다. 아이들이 흥미를 느낄 만한 공부거리를 제공하고 스스로 참여할 수 있도록 유도한다. 공원에서 열심히 숙제하는 소녀의 모습이 이색적이다.

교에 들어가면 수업시간 40분 동안 바른 자세로 앉아 있어야 하고 만약 그러지 못하면 야단맞기 십상이다. 그런데 핀란드 학교에서는 아이들이 힘들까봐 소파를 두다니, 그 배려가 낯설기까지 하다.

더욱 중요한 것은 공부를 억지로 강요하지 않는다는 것이다. 물론 여러 방법을 동원해 흥미를 불러일으키려 애쓴다. 하지만 아이가 아직 공부할 마음이 없다면 강요하지 않고 기다린다. 공부를 강요하면 아이가 오히려 거부감을 느낄 수 있다고 생각해서다. 또한 '아이는 호기심을 갖고 스스로 배운다'고 믿는 교육철학의 영향이다. 그래서 선생님은 숙제가 아니라 즐거운 도전을 제안한다.

"여기 재미있는 문제가 있는데, 도전해볼 사람은 가지고 가렴."

하기 싫으면 하지 않아도 되고, 재미있을 거라고 생각하는 아이는 문제를 집으로 가지고 가서 풀어보면 된다. 핀란드 아이들은 시키니까 어쩔 수 없이 하는 것이 아니라, 보다 높은 수준의 선택을 하고 있는 것이다. 의무가 아닌 특권을 행사하는 것, 우리로서는 상상하기도 어려운 자유 아닌가.

타고난 학습 프로그램 개발하기

흔히 부모들은 아이가 백지상태로 태어난다고 생각하며, 그 백지에 부모가 그림을 그려가야 한다고 믿는다. 아이의 잠재력을 생각하지 못한 채 부모가 이끄는 것, 바로 이 지점에서 우리의 교육 문제가 생겨난다.

아기들의 신비로운 성장 과정을 담은 다큐멘터리에서는 주목할 만한 실험 결과들을 보여주었다. 바로 '아기는 학습 프로그램을 갖고 태어난다'는 것이다.

아직 기는 방법밖에 익히지 못한 생후 7개월 된 아기를 러닝머신 위에 올려놓았다. 아기는 아직 혼자 설 수 없으므로 한 사람이 아기의 겨드랑이에 팔을 끼워 러닝머신 위에 설 수 있도록 지탱해주었다. 러닝머신이 작동하자 아기의 한 쪽 발이 뒤로 밀려나기 시작했다. 그러자 아기는 마치 걸어가는 것처럼 다리를 움직이며 앞으로 걷기 시작했다. 이미 자신의 몸속에 걷기 패턴을 지니고 있었던 것이다.

미국 버클리대학교 심리학과 앨리슨 고프닉 교수는 아기의 학습능력을 다음과 같이 설명했다.

"아기들이 모든 것을 그렇게 빨리, 많이 배울 수 있는 이유 중 하나는 백지상태로 태어나지 않기 때문이다. 아기들은 처음부터 상당히 많은 것을 알고 있는 채 태어나고 이것은 또 다른 학습을 가능하게 한다. 마치 과학자들처럼 말이다. 과학자들은 아무것도 모르는 상태에서 무작정 연구를 시작하지 않는다. 기존 이론에서 출발해 그 이론을 검증하고 실험하고 수정을 거쳐 새로운 이론을 만들어낸다. 즉 이미 알고 있는 것을 바탕으로 배우고 학습하면서 새로운 이론을 도출해내는 것이다. 이렇게 볼 때 아기들은 학습능력을 타고난다고 볼 수 있다."

진화에 의해 아주 어린 아기도 학습할 수 있도록 설계되어 있을 뿐만 아니라 수억 년간 이루어낸 인류의 자산과 능력이 아기의 유전자 속에도 고스란히 담겨 있다는 것이다.

심리학자 피아제는 교사가 이끄는 일방적인 교육에서 벗어나 아이들이 주체적인 놀이나 활동을 통해 스스로 배울 수 있다고 강조했다. 피아제, 듀이 등의 이론을 바탕으로 한 레지오 접근법은 아이들 스스로 주제를 정하고 관찰과 실험을 거쳐 결론에 이르는 프로젝트 수업을 진행한다. 레지오 접근법을 창안한 로리스 말라구치는 어린이의 독창성을 짓밟는 어른들에 대해 이야기했다.

"어린이는 백 가지 언어를 가지고 있다. 하지만 사람들은 백 가지 중 99개는 훔쳐가버린다. 학교와 문화는 어린이의 몸과 머리를 따로 분리해놓는다. 사람들은 이미 만들어진 세상을 발견하라면서 백 가지 세상 중 99개는 지워버린다. 그리고 아이에게 '공부와 놀이, 현실과 환상, 과학과 상상, 하늘과 땅, 논리와 꿈은 섞일 수 없다'고 말한다."

그러나 '공부와 놀이, 현실과 환상, 과학과 상상은 섞일 수 없다'고 말하는 사람들의 편견을 보기 좋게 깨뜨린 과학자가 있었다. 바로 아인슈타인이다. 상대성이론으로 우주의 질서를 밝혀낸 아인슈타인은 자신의 천재성이 "모든 문제를 어린아이처럼 상상의 눈으로 보는 능력에 있다"고 말했다.

아인슈타인은 다섯 살 때 아버지에게 나침반을 선물 받은 뒤 과학 세계에 관심을 갖게 되었다. 아인슈타인은 호기심 많은 아이였지만 학교에서는 좋은 평가를 받지 못했다. 사실 그는 언어 발달이 상당히 느렸다. 아인슈타인의 선생님은 그를 '모든 면에서 부족한 학생'으로 평가하기도 했다.

아인슈타인이 잠재력에 날개를 달기 시작한 것은 스위스에 있는 주립학교에 들어간 뒤였다. 이 학교는 페스탈로치 교육철학의 영향을 받아 이미지를 형상화하는 교육을 중요하게 생각했다. 이는 현대 물리학자들이 '사고실험'이라고도 일컫는데, 생각으로 실험을 하는 것이다. 어떤 물리학적 상황을 보고, 느끼고, 조작하고, 변화를 관찰하는데, 이 모든 것을 머릿속으로 상상하는 것이다. 즉, 실험 장치를 쓰지 않고도 마치 실험한 것처럼 머릿속으로 결과를 도출해내는 것이다.

이러한 교육에 영향을 받은 아인슈타인은 광선과 함께 이동하는 것이 어떤 것인지를 상상하며 아이와 같은 호기심을 풀어갔다. 어느 날 햇살 속에 평화롭게 눈을 감고 있던 아인슈타인은 태양광선을 타고 우주를 여행하는 상상을 했다. 그리고 오랜 시간의 여행 끝에 자신이 다시 출발점으로 돌아와 있음을 발견했다.

'만약 한 방향으로 계속 여행한 뒤 원래 지점으로 다시 돌아온다면 우주는 결국 곡선의 형태가 아닌가.'

아인슈타인은 우주를 상상한 끝에 새로운 발견을 한 것이다. 이 상상의 결과가 바로 상대성이론으로 이어졌다. 잠재력이 피어날 수 있도록 지원한 환경에서 호기심과 상상력의 위대한 합작품이 탄생한 것이다.

아이가 엄청난 잠재력을 갖고 태어났다는 사실을 안다면, 부모가 할 일은 크게 줄어들고 또한 달라진다. 아이를 무조건 끌고 가려 애쓸 필요 없이, 아이가 원래 가지고 있는 학습 프로그램이 잘 작동하도록 지원하기만 하면 된다. 학습 프로그램이 잘 작동하는 데는 과연 무엇이 필요할까. 바로 학습의 문을 여는 열쇠, '호기심'이다.

즐거운 공부의 시작, "왜?"

"개미는 왜 기어다녀?"
"바람은 왜 부는 거야?"

초등학교에 들어가기 전 아이들은 어른들이 귀찮을 정도로 쫑알쫑알 물어댄다. 그때 아이들의 눈빛을 눈여겨본 적이 있는가. 경이로울 만큼 생생하게 빛난다. 그 호기심의 에너지는 바로 아이가 품고 있는 잠재력의 거대한 광맥에서 뿜어 나온다.

호기심은 무언가를 알고 싶어 하는 자발적인 감정이다. 그런데 누군가의 지시와 간섭이 끼여들면 바로 상처받고 사그라지는 매우 섬세한 영역이기도 하다. 문제는 그 호기심이라는 통로를 잃고 나면 잠재력의 광맥은 발견하기가 어려워진다는 점이다.

어른들에게도 호기심으로 눈이 반짝이던 나날이 있었다. 지금은 당연하게 받아들이는 현상이 모두 신비로웠던 시절, 지금은 하찮아 보이는 작

호기심은 무언가를 알고 싶어 하는 자발적인 감정이다. 어려서부터 사물에 호기심을 갖고 생각하는 습관을 들인 아이는 평생 지적 호기심을 갖고 성장한다. 사진은 아이와 모래성 쌓기를 하며 호기심을 자극하는 어머니(왼쪽)와 울타리 너머의 새들을 관찰하는 아이들(오른쪽).

은 물건들이 모두 장난감이고 놀이였던 그런 때가 있었다.

그런 어른들이 반짝이는 눈빛을 잃기 시작한 것은 언제부터였을까? 언제부터 꿈을 잃어갔을까? 언제부터 더 이상 질문하기를 멈추었을까? 그 답은 우리가 아이들을 바라보는 눈길을 보면 바로 알 수 있다. 아이가 한 발 한발 내딛는 걸음마를 경이롭게 바라보는 눈빛을 거두고 고정된 기준에 맞춰 아이의 발달을 바라보기 시작한 순간, 아이를 세상의 틀에 맞추려 한 순간, 아이들의 눈빛이 흐려지기 시작했다는 것을 말이다. 그 때문에 취학 이전에 똑똑했던 아이들이 학교에 들어가고 학년이 올라갈수록 집중을 못하고 둔해지며 눈빛이 흐려진다. 공부할 때만이 아니라 생활에서도 그렇다. 대체 가정과 학교가 우리 아이들을 어떻게 변화시키고 있는 것일까.

부모는 아이가 교과 내용 외의 분야에 관심 갖는 것을 좋아하지 않는다. 만약 아이가 시험을 앞두고 다른 책을 읽고 있다면, 그 시간에 문제 하나라도 더 풀라고 야단치기 십상이다. 학교에서는 정해진 일정에 맞춰 진도를 나가는 것이 가장 중요하다. 그래서 질문이 많은 아이보다는 정답을 말하는 아이들이 인정받는다. 배움을 얻어야 할 학교에서 아이들은 오히려 배워가는 의미를 잃고, 선생님이 인정하는 정답을 생각해내는 기술만 익히는 것이다.

학교가 권위적이고 선생님의 시야도 고정되어 있을 때 개성이 강하고 호기심 많은 아이들은 견뎌내기 어렵다. 1,093건의 특허를 내놓을 만큼 호기심과 탐구력이 뛰어났던 에디슨도 학교에서는 환영받지 못했다.

에디슨은 "왜요?"라는 질문을 달고 살았다. 초등학교 선생님은 끊임없이 질문하는 에디슨을 몹시 싫어했다. 엄격하고 권위적이었던 선생님은 자신이 가르치는 내용에서 벗어난 질문을 해대는 에디슨을 용서할 수가 없었다.

"뭐 이런 바보 같은 녀석이 다 있어. 넌 어떻게 아는 게 하나도 없냐."

선생님은 어린 에디슨에게 멍청하다고 야단을 쳤다. 학교에 찾아온 어머니에게 딱 잘라 말했다.

"이 아이를 더 이상 못 가르치겠습니다. 구제 불능이에요."

결국 에디슨은 입학한 지 석 달 만에 학교를 그만두어야 했다. 그러나 에디슨의 어머니는 아들의 호기심을 이해하고, 아들이 궁금해하는 문제를 함께 탐구해갔다. 아들에게 답을 가르쳐주는 대신 함께 백과사전을 읽으며 답을 찾아갔다. 그리고 다양한 분야의 책을 함께 읽고 생각하며 아들이 호기심을 갖고 생각을 키워갈 수 있도록 도왔다. 읽은 책도 문학 작품부터 역사책, 과학책 등 다양했다.

에디슨은 리처드 그린 파커의 《자연과학과 실험과학 입문》을 읽고는 눈이 번쩍 뜨이는 것 같았다고 고백했다. 에디슨은 읽는 데서 그치지 않고 책의 내용을 직접 실험해보면서 과학의 새로운 세계를 경험했다. 결국 학교에서 인정받지 못한 소년의 호기심을 불꽃으로 타오르게 한 것은 아들을 이해한 어머니의 격려와 독서였다.

우리나라의 교육 방식은 처음부터 해답을 가르쳐주고 그것을 외우게 한다. 답을 통째로 달달 외우면 만점을 받을 수 있다. 그러나 정답을 외우는 공부는 능동적인 학습능력을 무너뜨리고 무기력한 학습 태도를 갖게 만든다. 게다가 세상일이 학교에서 가르쳐준 답대로 흘러가는 경우가 얼마나 될까. 결국 정답만 외운 아이들은 다양한 변화에 대처할 수 있는 문제해결능력을 키우지 못해 어려움을 겪는다.

심리학자 미하이 칙센트미하이는 "아이들의 능력 계발에는 호기심이 가장 중요하다. 호기심을 갖는 분야에 몰입한다면 창의적인 사람이 될 수 있다"고 강조했다.

원래 아이들은 모든 사물에 "왜?"라고 물으며 호기심을 보인다. 바로 그것이 공부의 시작점이다. 호기심으로 빛나는 아이의 눈빛에서도 알 수 있듯이, 아이는 배울 준비가 되어 있었다. 따라서 잊고 있는 공부의 즐거움을 알게 하려면, 아이의 호기심을 살려주어야 한다. "왜?"라고 묻는 질문의 끈을 놓지 않도록 해야 한다. 어릴 때 사물에 호기심을 갖고 생각하는 습관을 들인 아이는 평생 지적 호기심을 갖고 성장해간다.

자기주도력 제대로 알기

요즘 자기주도 학습에 대한 관심이 높다. 가정에서 공부 문제로 갈등이 큰 만큼 '아이가 스스로 하는 공부'에 부모들이 주목하는 건 당연해 보인다. 다만 문제는 자기주도 학습에 대한 주장이나 방법들에서 심심치 않게 오류가 눈에 띈다는 점이다. 또한 자기주도 학습의 본질에서 벗어나, 사교육을 활용하거나 부모가 직접 코치로 나서는 일들도 빈번하다. 그럼에도 주변에서 자기주도 학습의 성공 사례를 듣기는 힘들다. 왜 대부분이 자기주도 학습에 실패할까? 그리고 성공한 사람들의 비결은 무엇일까?

자기주도 학습, 왜 중요할까

2008년 교육과학기술부가 초등학교 3학년을 대상으로 실시한 국가 수준 기초학력진단평가 결과를 공개했다. 그 가운데 주목할 것은 과외, 학원 등의 도움을 받는 학생보다 혼자 숙제를 해결하는 학생의 기초학력이 높다는 사실이다. 이후 자기주도 학습 능력은 대학을 진학한 뒤 더 큰 영향을 미치는 것으로 나타났다.

가톨릭대학교 교육학과 성기선 교수가 서울대를 비롯한 6개 대학의 학생 471명을 상대로 '학습 활동과 태도'를 조사한 결과, 과외를 받지 않은 학생들의 대학 성적과 생활 적응도가 과외를 받은 학생들보다 우수한 것으로 드러났다. 과외를 받지 않는 학생들이 자료 검색 후 리포트 작성 능력, 강의를 이해하는 정도, 전공 서적을 체계적으로 읽는 수준, 토론 능력, 졸업 후 진로에 대한 목표 의식 등에서 과외를 받은 학생들을 앞지른 것이다. 조사 결과에서도 나타났듯이, 전문가들은 "과외는 자기주도적 학습 태도, 고등교육 활동을 위한 태도와 능력을 키우는 데 부정적인 영향을 미친다"고 분석한다.

자기주도 학습은 단순히 학교 공부를 잘하기 위한 방법이 아니다. 배움의 체질을 바꾸는 근본적인 처방이다. 대학 수업 능력에 밑바탕이 될 뿐 아니라, 평생학습 시대에 스스로 배우고 익히는 학습능력에도 큰 영향을 미친다.

그러나 대한민국의 교육은 어떠한가. 아이는 가만히 있고, 부모가 하나라도 더 배우게 하려고 바쁘게 뛰어다닌다. 아이가 스스로 키워야 할 자기주도성조차 밖에서 가져다 심어주려 애쓰는 것이 현실이다.

자기주도성은 단순히 공부 문제에만 그치지 않는다. 사회 전체에 영향을 미칠 수 있는 중요한 해법이기도 하다. 자기주도 학습이 이루어지면 사교육비를 줄이고 학습 효과를 높이는 것은 기본이고, 공부 문제에서 비롯된 가정의 갈등을 녹이고, 교육 문화를 바꾸며, 국가 경제를 변화시킬 수도 있다. 그만큼 대한민국에서 교육 문제의 파급력이 엄청나다는 반증이기도 하다.

만약 대한민국의 교육이 주입식이 아니라 아이들의 자기주도 학습으로 바뀐다면 과연 어떤 일들이 벌어질까?

- 부모의 배경과 상관없이 다시 개천에서 용 나는 사회가 되고, 대치동의 아파트 값이 많이 떨어질 것이다. 아이들의 자기주도성이 발휘되면 사교육은 효용가치가 떨어지기 때문이다.
- 어학연수를 보내느라 지불하던 외화 낭비가 크게 줄고, 기러기 아빠들도 자취를 감추게 되지 않을까. 아이들의 자기주도성이 발휘되면 어떤 환경에서든 원하는 공부를 할 수 있기 때문이다.
- 대한민국 부모들의 우울한 자화상이 희망찬 행복 찾기로 변모할 것이다. 아이들의 자기주도성이 발휘되면 지금까지 해온 학부모의 역할 대부분을 학생 스스로 해결할 수 있기 때문이다.

세계 학습 효율성 핀란드 1위, 한국 24위

OECD가 주최하는 PISA는 교육과정에 근거한 지식보다는 실생활에 필요한 능력, 즉 지식을 상황과 목적에 맞게 활용할 수 있는지를 평가한다는 데 특징이 있다. 따라서 단순히 지식을 쌓는 것이 아니라, 스스로 생각하고 응용하는 능력을 요구한다. 이를 위해서는 스스로 학습하고 평가하고 점검하는 자기주도 학습 능력이 중요하다.

〈OECD 학업성취도 국제 비교 연구 보고서〉(2006)에 따르면 우리나라 학생들은 읽기, 수학 영역에서 최상위권을 기록했지만, 자기주도 학습능력에서는 최하위권을 기록했다. 반면 핀란드는 PISA에서 3회 연속 종합 1위를 기록하며 국제적으로 자기주도 학습능력을 검증받았다. 또한 OECD 30개국을 대상으로 조사한 학습 효율화 지수에서도 1위를 기록했다. 한국은 24위에 그쳤다. 원인이 뭘까? 우리 아이들은 많은 시간을 공부하지만 자기가 원해서 하는 공부가 아니기 때문에 효율성이 떨어지고, 부모와 학교(학원)이 시키는 대로 하느라 자기가 알아서 조절하고 점검하는 자기주도 학습능력이 떨어지는 탓이다.

핀란드의 교육철학은 '공부는 스스로 하는 것'이다. 다른 사람이 시켜서 하는 공부는 오히려 공부에 대한 거부감을 가져온다는 것을 알기 때문에 학교에서도 공부를 강요하지 않고 아이들이 흥미를 가질 수 있도록 배려하고 격려한다. 또한 평생학습 시대에 맞게 학교의 역할에 대한 기본 철학이 있다. 아이들이 스스로 배우며 지식을 활용하는 능력을 키울 수 있도록 도와주는 곳이 학교라는 것이다.

핀란드의 성공 사례가 잘 입증하고 있지만, 우리나라에서도 역대 수능 만점자들을 포함하여 자타가 공인하는 공부 고수들의 성공 요인을 분석해보면 자기주도 학습이 얼마나 중요한지 금방 알 수 있다. 개인별로 차이를 보이지만 최대공약수를 꼽으라면 바로 자기주도성이기 때문이다. 학습에서 가장 중요한 자기주도 학습능력은 어떻게 키울 수 있을까.

자기주도력 키우는 핵심 전략 5가지

인간은 누구나 스스로 원하는 것을 하고 싶어 한다. 공부도 마찬가지다. 아이가 스스로 흥미를 느껴 관심을 갖고, 하나하나 배워가며 스스로 학습능력을 키워갈 때 자연스럽게 자기주도 학습능력이 커진다.

아이들의 자기주도성을 살리는 방법은 결코 어렵지 않다. 없는 것을 새로 만드는 것이 아니라 원래 있는 것을 되살리면 되기 때문이다. 따라서 아이들의 자기주도성을 죽이는 요인을 정확하게 찾아내어 현실에서 하나하나 제거해나가면 된다.

이때 가장 중요한 것이 부모의 태도다. 부모가 어떤 심리 상태로 자녀를 대하느냐에 따라 결과는 크게 달라진다. 공부하라는 엄마의 잔소리에 공부 의욕을 잃었던 학생이 엄마의 변화를 보면서 공부 의욕을 되찾은 사례들이 여럿 발견되었다. 과연 엄마의 태도가 어떻게 달라졌던 것일까.

자녀에게만 쏟아붓던 관심을 자신의 취미생활 등으로 돌려 삶의 여유를 되찾은 것이다. 아이는 편안해진 엄마의 모습을 보면서 정서적 안정을 얻었고, 공부 의욕도 높아졌다고 했다.

다음은 자기주도성을 키우는 핵심 전략 5가지다. 부모가 조금만 신경 쓰면 실천할 수 있는 내용들이므로 주의 깊게 살펴보고 실천해보자.

1. 공부에 대한 느낌이 중요하다

어떻게 하면 아이들이 재미있게 배울 수 있을까를 고민하고 실제 프로그램을 통해 실천하고 있는 핀란드. 이를 증명하듯 핀란드 학생들은 공부를 괴로운 노동이 아닌 즐거운 배움의 과정으로 여긴다.

　공부를 생각할 때 하기 싫은 느낌이 들면, 공부에 대한 정서적 거부감이 싹터 자기주도 학습은 꿈도 꾸기 어려워진다. 공부를 싫어하는 우리 아이들은 어떻게 하면 공부에 대한 거부감을 줄일 수 있을까?

① 성적이 높다, 낮다를 기준으로 보상하거나 문책하지 않는다.

　아이　엄마, 이번에 성적이 많이 떨어졌어요!

　엄마 A　너! 정말 어쩌려고 그러니. 당분간 컴퓨터 금지야! 알겠지!

　엄마 B　혹시 속상하지 않니? 틀린 문제를 정리해서 같이 풀어볼까?

② 즐겁고 재미있게 공부할 수 있는 방법은 없는지 늘 머리를 맞대고 상의한다.

　아이　엄마, 과학은 정말 하기 싫어.

　엄마 A　시험을 잘 보려면 어쩔 수 없잖아, 열심히 해야지.

　엄마 B　그래! 어떻게 하면 재미있게 할 수 있을지 함께 알아보자.

③ 무엇을 배우고 익히는지, 평소 관심을 보이고 대화를 자주 한다.

　아이　엄마, 오늘 학교에서 지구온난화에 대해 배웠어요.

　엄마 A　그래, 빨리 씻고 밥 먹고 학원 갈 준비해라!

　엄마 B　야! 재미있었겠다, 지구온난화가 우리 가족에게 어떤 영향을 미치는지 한번 알아볼까?

엄마 A의 태도는 아이의 자기주도성을 죽이는 결과를 낳는다. 반대로 엄마 B의 대화는 아이의 자기주도성을 자연스럽게 길러준다.

특히 초등 저학년 시절, 공부에 대해 어떤 인상을 받았는지에 따라 정말 많은 것이 달라진다. '유익하다' '즐겁고 재미있다'는 느낌을 받는다면, 스스로 즐겁게 배울 수 있는 씨앗을 뿌린 것과 같다. 핀란드에서는 10학년(우리나라의 경우 고등학교 1학년)까지는 등수를 매기는 상대평가를 실시하지 않는다. 불필요한 긴장과 불쾌감을 주는 평가를 금지하고, 학생들에게 배움이 유쾌한 경험이 될 수 있도록 최대한 배려하기 위해서다.

2. 스스로 판단하고 결정할 수 있어야 한다

핀란드 아이들은 스스로 많은 것을 결정한다. 특히 공부와 관련한 아이들의 의견이 매우 존중된다. 수업시간에도 수업 진도와 무관하게 자기 실력에 맞추어 공부하는 것이 허용된다. 심지어 수업시간에 뜨개질을 하는 아이도 있을 정도다.

자신의 공부와 관련된 의사결정을 스스로 할 수 없다면 자기주도는 불가능하다. 우리의 현실을 돌아보자. 아이에게 의견을 묻고 존중하는 것을 '부모의 권위를 팽개치고 어설픈 민주주의로 아이를 버릇없게 키운다'며 비웃는 부모들도 있다. 엄연히 부모는 윗사람이고 자식은 부모의 뜻에 따라야 한다는 위계의식이 뿌리 깊은 탓이다. 그러나 이때 꼭 기억해야 할 것이 있다. 아이에게 의견조차 묻지 않고 부모가 일방적으로 결정하여 무조건 따를 것을 요구하면 아이는 자기주도성을 잃는다는 사실을 말이다.

① 판단에 필요한 정보를 충분히 제공한 다음 스스로 결정하고 실행할 때까지 기다린다. 판단 능력이 미숙하다고 해서 부모가 자꾸 판단해주면 아이는 판단력을 기를 수 있는 기회를 잃고 만다. 사전에 충분한 정보를 친절하게 제공하고, 아이의 판단 능력이 아직은 미숙하더라도 크게 빗나가지 않도록 도와주는 선에서 그쳐야 한다.

② 판단의 옳고 그름을 두고 따져서는 안 된다. 아무리 아이의 판단에 문제가 있더라도 우선은 존중할 필요가 있다. 자기주도성을 길러주고 싶다면 말이다. 아이가 자신의 판단에 따라 의사결정을 하고 실행할 수 있는 기회를 최대한 많이 주어야 한다. 아무리 심각한 문제가 일어날 것이 예상되더라도 미리 아이의 판단을 고치려 해서는 안 된다. 사후 피드백을 통해 스스로 깨닫게 하는 것이 좋다.

③ 아이가 스스로 판단하기 어려운 문제는 반드시 사전에 의견을 묻고 그 의견에 따라 결정하고 실행했음을 알려주어야 한다. 아이가 주도적으로 판단할 수 있는 기회를 빼앗지 않으려면 아이가 거리낌 없이 자신의 의견을 말할 수 있는 집안 분위기부터 만들어야 한다.

어린 자녀의 판단을 신뢰하기는 쉽지 않다. 잘못된 판단을 보면서 걱정하고 불안해하기보다 부모가 올바른 판단을 내리고 아이에게 따르도록 하는 것이 옳다고 생각하기 쉽다. 하지만 지켜봐주지 못하고 서둘러 이끄는 부모의 조급함이 아이의 자기주도성을 빼앗게 된다는 사실을 분명히

사우나는 핀란드 사람들에게 생활의 일부다. 공식적으로 집계된 사우나 수만도 100만 개 이상이다 (핀란드의 인구는 약 520만 명). 호수 옆에 사우나 시설이 많은데, 맨몸으로 스팀을 만끽한 뒤 호수로 곧장 달려가 수영을 즐길 수 있기 때문이다. 한겨울에도 사우나 후 호수로 뛰어드는 사람들을 쉽게 볼 수 있다.

알아야 한다. 아이가 자신의 문제를 늘 스스로 결정할 때 공부에서도 자기주도성을 발휘할 수 있다.

3. 배움의 기회를 소중하게 생각해야 한다

핀란드 아이들은 학교 수업을 매우 소중하게 생각한다. 가장 활발하게 배울 수 있는 곳이기 때문이다. 우리의 경우는 학교가 아니어도 학원, 과외 등에서 배울 기회가 많다고 생각해 학교 교육의 가치를 무시하기 쉽다. 이처럼 배움의 기회가 지나치게 풍요로워도 자기주도 학습을 방해할 수 있다. 자기에게 주어진 배움의 기회가 가치 있게 느껴지면 당연히 적극적인 태도를 갖게 되지만, 흔해 빠진 기회라고 생각하면 소극적이 되기 때문이다.

① 가르치는 선생님보다 배우는 학생의 노력이 더 중요하다고 생각하게 해야 한다. 아이들에게 평소 절대 해서는 안 될 말이 있다. "그 선생, 실력이 정말 형편없다면서? 학원 선생이 뭐 그래, 다른 선생으로 바꿔야겠다." 배우는 학생은 선생님을 늘 존경해야 하며 어떠한 경우라도 학생이 노력하면 배울 것이 있다는 태도를 지니도록 도와야 한다.

아이 수업시간에 무슨 말인지 하나도 모르겠어요.

엄마 A 뭐 그런 선생이 다 있다니. 그러니까 학교 선생들이 만날 욕을 먹는 거야!

엄마 B 그래도 선생님이신데… 수업을 잘 활용할 수 있는 방법을 찾아 보도록 하자.

② 스스로 공부하는 것을 원칙으로 하고, 부족한 것이 분명할 경우에만 사교육을 활용한다. 또 학교에서 보내는 시간과 수업 진도를 최대한 활용해서 필요한 공부를 해야 한다. 절대 다수의 시간을 보내는 학교 진도를 허비하고 나서 효과적인 공부를 하는 것은 불가능에 가깝다.

아이 학교 수업 분위기가 엉망이에요.

엄마 A 괜히 신경 쓰지 마. 학원에서 제대로 배우면 되잖니!

엄마 B 아무리 분위기가 그렇더라도 수업시간을 낭비하면 그만큼 손해 아니겠니!

③ 부모로서 배움을 지원하는 데 무조건적으로 베푸는 것이 아니라 아이가 노력한 정도에 맞춰 지원한다는 원칙을 세우고 지킨다. "너 그렇게

공부하기가 싫으면 나중에 장사나 해라. 그 정도 밑천은 대줄 수 있어."
부모는 격려하려는 말이지만, 아이에게는 현재를 불성실하게 보내도록 하는 원인이 될 수 있다.

또한 부모는 아이가 공부를 열심히 하지 않으면 학원에 보내서라도 공부를 시키려고 한다. 어떻게 해서든 공부를 시키고야 말겠다는 의지를 보이는 것이지만, 결코 긍정적인 효과를 기대하기 어렵다. 아이는 부모의 강권에 밀려 공부한다는 심리적 압박을 받고, 공부에서 점점 더 멀어지기 때문이다.

아이 공부 못한다고 해서 뭐 큰일 나는 거 없잖아요.
엄마 A 왜 자꾸 그러니. 과외 선생님이 새로 왔으니까 일단 해봐.
엄마 B 네가 해야 할 공부를 소홀히 하면 엄마, 아빠도 도리가 없구나. 나중에 공부를 해야 되겠다고 생각이 들면 그때 다시 얘기하자. 당분간은 네 마음대로 해보렴.

엄마 A는 어떻게든 공부를 시키려 애쓰고, 엄마 B는 '공부는 네 문제'라는 점을 분명히 해서 아이의 자기주도성을 인정하며 방법을 찾도록 돕고 있다.

자신의 미래를 위해 반드시 필요한 공부를 하면서 아이들은 투정을 부린다. 마치 부모를 위해 큰 선심을 쓰는 것처럼 공부하는 것이다. 부모가 애걸하듯 공부를 시키려 하기 때문이다. 또한 부모가 욕심을 부려 이것저것 공부 기회를 제공하다 보니 아이들은 그 기회의 소중함을 모른 채 형식적으로 기웃거리기만 할 뿐 스스로 공부하려는 의지를 갖지 않는다.

4. 매사에 의욕적이어야 한다

공부는 정서의 영향을 크게 받는다. 그래서 기분이 우울하거나 불쾌한 상태에서는 스스로 공부하기가 정말 어렵다. 더군다나 공부가 스트레스 유발 요인이라면, 자기주도적인 공부는 거의 불가능에 가깝다고 봐야 한다. 그렇다면 아이들은 어떤 상황에서 공부에 스트레스를 느끼고, 어떤 경우에 의욕을 갖게 될까.

상황 1 성공에 대한 부담과 실패에 대한 걱정은 스트레스를 낳는다. 반면 결과에 상관없이 노력하는 과정에 대해 칭찬받으면 대부분 의욕을 느낀다.

― 평소에 자녀가 뭔가를 열심히 하면 그것이 꼭 공부가 아니더라도 반드시 칭찬을 한다.

상황 2 부모에게 야단맞고 학교에서 체벌을 당하면 스트레스를 느낀다. 반면 누군가를 도우면서 자신의 존재 가치를 체감하면 당연히 의욕이 생긴다.

― 되도록 정기적으로 봉사활동을 다니면서 보람있는 경험을 자주 하도록 한다.

상황 3 지나치게 부담스러운 일을 강요당하면 스트레스를 겪는다. 반면 충분히 해낼 수 있을 것 같은 일을 할 때는 의욕이 넘친다.

― 공부의 난이도와 학습량을 늘 적절하게 조절해서 계획하고 실

천하도록 한다.

'공부가 없는 세상에서 살고 싶다'고 생각하는 아이에게 자기주도 학습을 기대할 수 있을까? 이 아이에게 공부는 지옥 같기 때문에 무조건 피하고 싶은 것이다. 그러나 호기심으로 눈이 빛나고 모르는 것을 배워가는 즐거움을 아는 아이는 늘 의욕적으로 공부한다. 아이가 공부에 대해 의욕을 갖게 하려면, 주위에서 칭찬과 격려를 아끼지 않아야 하고 아이 스스로 배움의 즐거움을 경험해야 한다.

5. 건강한 공부습관이 필요하다

마음은 있는데 몸이 무거워 공부하기 어려운 경우가 있다. 이것은 습관의 힘이다. 습관은 의지와 상관없이 본능처럼 움직이는 것이어서 건강한 습관이 뒷받침되지 않으면 자기주도 학습에 힘을 발휘하기가 어렵다. 자기주도 학습의 의욕이 실현될 수 있도록 도와주는 '좋은 공부습관' 세 가지를 살펴보자.

① 꾸준하게 공부하는 습관

평소와 시험기간의 공부에 기복이 있어서는 안 된다. 당장의 성적에 욕심을 내서 시험 준비 기간에 벼락치기를 허용하면 문제가 된다. 시험 기간이라고 해서 공부를 더 하는 것이 아니라 늘 정해진 시간을 꾸준히 지키면서 공부하는 습관을 몸에 익혀야 한다.

② 공부를 완성하는 습관

한 번 공부했으면 다시 공부하지 않아도 되도록, 공부를 하나하나 완성해 나가는 습관을 만들어야 한다. 수업시간에 집중하기 위해 준비로서의 예습, 복습을 위한 적극적인 준비로서의 수업, 수업 효과를 놓치지 않기 위해 꼭 필요한 과정으로서의 복습. 이 세 가지는 반드시 습관으로 만들어야 할 공부의 절대 사이클이다.

③ 미루지 않는 습관

어떤 일을 하든 되도록 마감시간을 미리 정해놓고 의식적으로 지키려고 노력하다 보면 습관이 된다. 오늘 공부를 내일로 미룰 수는 없다. 그것은 오늘 할 공부를 그냥 못한 것에 불과하다.

우리나라의 교육 현실은 아이들이 자기주도 학습을 할 수 없도록 만들고 있다. 교육과정개발원이 발표한 '학부모 문화 연구' 논문에 따르면 대한민국의 학부모들은 네 가지 믿음을 갖고 있다고 한다.

① 사교육 지향성
공교육보다는 사교육이 성적 향상 효과를 낳는다.

② 부모 주도성
아이들은 잘 모르기 때문에 부모가 주도해야 경쟁에서 이길 수 있다.

③ 성적 지향성
성적이 좋으면 명문대에 보내고, 어정쩡하면 진로와 적성에 관심을 갖기 시작한다.

④ **정보 의존성**

정보를 적극적으로 수집하고 활용해야 자녀교육에 성공한다.

일반적으로 학부모 주도하에 입시 정보를 열심히 수집하면서 사교육을 많이 시켜야 아이를 좋은 성적으로 명문대에 진학시킬 수 있다고 믿는다. 아이는 감정 없는 기계처럼 부모의 명령과 지시에 따라야 하는 양 여기고, 아이가 결코 자기 스스로 뭔가를 할 수 없도록 이리저리 끌고 다닌다. 그러면서 툭하면 "넌 왜 네 스스로 공부를 못하니?"라고 야단치는 것이 바로 대한민국 학부모들이다.

아이가 공부나 인생에서 스스로 문제를 해결하게 하려면, 먼저 부모들이 위 네 가지의 잘못된 믿음에서 벗어나 일방적으로 명령하고 지시하는 태도부터 버려야 한다. 그렇지 않으면 부모와 아이가 세계 최장시간의 공부 노동에 시달리는 공부 노동자와 낮은 공부 생산성으로 인해 더욱 감시를 철저히 해야 하는 공부 감독관으로 만나는 길밖에는 없다.

특히 초등 저학년은 아직 공부에 대한 개념이 뚜렷하게 잡히지 않은 시기이므로 부모의 말과 행동이 큰 영향을 미친다. 아이가 공부에 거부감을 갖지 않고, 배움을 즐겁고 재미나는 것이라고 느낄 수 있도록 부모는 생각과 행동을 늘 조심하고 살피면서 아이를 지원해야 한다. 그래야 아이의 자기주도 학습능력이 서서히 싹을 틔울 것이다.

TIP 자녀의 자기주도성을 키우는 부모 태도 진단

내 아이의 자기주도성을 길러주기 위해 올바르게 노력하고 있는지 알아보자. 해당 항목에 체크한 뒤 결과를 확인해본다.

번호	질문	체크
1	아이가 실수하여 잘못했을 때도 꾸짖기보다는 애썼다고 격려하는 편이다.	
2	공부에 대한 의지를 강조하기보다 편안하게 공부할 수 있는 여건을 마련해주려고 노력한다.	
3	봉사활동 등을 함께해서 아이가 다양한 경험을 하고 보람을 느끼도록 한다.	
4	학교 준비물이나 방 청소는 아이 스스로 알아서 하게 하는 편이다.	
5	아이가 평소 무엇을 배우고 공부하는지 관심을 갖고 자주 대화한다.	
6	아이에게 공부를 무작정 열심히, 잘해야 한다는 말은 하지 않는다.	
7	대화할 때, 아이의 입장에서 듣고 이해해주는 편이다.	
8	아이의 성적이 떨어지더라도 실망감을 나타내지 않는다.	
9	아이와 함께 보내는 시간을 즐거워하고 자주 함께하는 편이다.	

10	아이가 자신의 일을 스스로 결정하고 판단하도록 믿고 맡기는 편이다.
11	아이와 갈등이 생겼을 때 피하거나 그냥 넘어가지 않고, 대화로 해결하려 한다.
12	공부와 관련해서 아이에게 질문을 받으면 최대한 자세히 설명한다.
13	좋은 성적보다는 꾸준히 공부하는 습관에 더 관심을 기울인다.
14	공부습관이나 성적 문제에 대하여 다른 집 아이와 비교하거나 잔소리하지 않는다.
15	사교육은 아이가 원하고 필요할 경우에 함께 상의하여 결정한다.
16	아이가 즐겁고 재미있게 공부할 수 있는 방법에 대해 함께 고민하고 상의한다.
17	아이의 고민을 끝까지 들어주고, 스스로 문제를 처리하도록 도와준다.
18	작은 일이라도 아이가 열심히 노력하면 반드시 칭찬을 해준다.

■ 해설

15개 이상 : 자기주도적인 아이로 키우는 부모

아이의 자기주도력을 키우는 데 바람직한 태도를 갖고 있다. 혹시 체크하지 않은 항목이 있으면 새롭게 태도를 가다듬는 계기로 삼으면 된다. 그러면 아이와 함께 행복하게 성공하는 진정한 성공 로드맵의 주인공이 될 수 있을 것이다.

8~14개 : 갈팡질팡하고 있는 부모

아이교육과 관련하여 다소 혼란스러운 상태다. 일관되지 못하고, 경우에 따라 자주 갈등한다. 그러나 아이의 자기주도력이 향상되면 아이에 대한 걱정과 불안감은 크게 해소될 것이다. 체크하지 않은 항목 중에서 평소 문제점이라고 느끼는 것 세 가지를 목표로 정해 노력해보자. 부모가 변화된 모습을 보이면 아이도 변한다. 아이의 자기주도력을 키우는 데는 부모의 태도가 가장 큰 영향을 미치기 때문에 부모가 먼저 바뀌어야 한다.

7개 이하 : 아이의 공부를 어렵게 만드는 부모

평소 아이와의 관계에서 부모의 기준과 판단을 앞세우는 편이다. 공부에 소극적인 아이의 모습에 실망하고, 이를 해결하기 위해 근본적인 해결 방안보다는 대증요법을 주로 찾는 경향이 있다. 만약 현재와 같은 태도를 유지하면 아이와 부모 모두 공부 문제로 불행해지기 쉽다. 체크하지 않은 항목 가운데 그래도 실천하기 쉽다고 판단되는 것을 세 가지만 정해보자. 그리고 아이의 미래와 부모의 행복을 위해 반드시 실천한다. 아이가 자기주도성을 찾지 못하면, 부모는 아이의 공부뿐 아니라 인생까지 대신 결정해주어야 하는 문제를 떠안게 된다.

부모만 알아보는
내 아이의 성공 지능

지능지수(IQ)라는 한 가지 측정 기준을 근거로 지적 능력을 평가해온 것에서 나아가 '아이에게 다양한 재능의 잠재력이 있음'을 밝힌 다중이론이 설득력을 얻고 있다. 이 이론을 만든 하버드대학교 교육심리학과 하워드 가드너 교수는 이렇게 말했다.

"어린아이의 계발을 위해 교육이 해줄 수 있는 가장 중요한 공헌은, 아이가 자기의 재능에 가장 잘 어울리고, 능력을 충분히 발휘할 수 있으며 만족을 느낄 수 있는 분야를 향해 나아가도록 도와주는 것이다. 그동안 우리는 잘못된 길을 걸어왔다. 모든 아이에게 성공하는 것은 대학교수가 되는 것이라는 관점의 교육을 해왔을 뿐이다. 그리고 그와 같은 편협한 기준에 따라 모든 학생을 평가하고 있다. 이제 아이들의 순위를 매기는 일은 서서히 그만두고 그들의 선천적 능력과 재능을 발견하여 계발해야 한다. 성공에 이르는 길은 수만 가지가 있다. 얼마든지 다양한 능력들을 통해 우리는 그곳에 이를 수 있다."

핀란드는 바로 이러한 관점을 이미 교육 현장에 적용하고 있다. 아이들이 친구들과 경쟁하느라 배우는 즐거움을 놓치지 않도록 등수를 매기지 않으며, 아이들 한 명 한 명의 개성을 인정하고 그에 맞게 지원한다. 학습 내용과 속도까지 아이마다 다르게 정하는 핀란드의 교육 시스템은 두뇌 과학에 대한 이해를 바탕으로 한다. 사람의 두뇌는 지문처럼 똑같은 사람이 하나도 없기 때문에 자기 두뇌에 맞는 자신만의 학습 스타일이 있다. 그것은 좋고 나쁜 것이 아니라 다만 다를 뿐이다. 그런데 다른 사람의 공부 스타일을 내 아이에게 강요할 경우, 아이는 몸에 맞지 않은 옷을 입은 듯 적응하지 못하고 시간만 낭비하게 된다.

교육 선진국은 창의력, 통합학습 열풍 중

이탈리아, 영국, 스웨덴, 우리나라 등 4개국 15세 아이들을 대상으로 창의력 검사를 실시했다. 도형을 응용해서 독특하게 표현할수록 높은 점수를 받는 검사였는데, 가장 뛰어난 창의력을 보인 곳은 스웨덴이었다. 스웨덴이 창의력 지수가 높은 데는 학교 분위기의 영향이 컸다.

스웨덴의 푸트룸 학교는 초등학교와 중학교를 통합한 1~9학년 학급으로, 아이들의 상상력을 키우기 위해 교실의 벽, 학년의 벽, 과목간의 벽을 깼다. 교실 천장으로 하늘이 보이고, 교실과 복도 사이에도 벽이 없다. 그리고 같은 학년끼리만 공부하는 것이 아니라 색깔별로 그룹을 지어

1~9학년이 통합 학급에서 함께 공부하며, 가족처럼 서로 돕는다. 또한 과목들을 통합한 수업을 진행하는데, 아이들은 따로 배울 때보다 더 흥미를 느끼고 종합적인 안목으로 사물을 보는 힘이 커진다고 한다.

커다란 나뭇잎으로 모자를 만들어 쓴 소년의 재치가 기발하다. 창의력 향상은 생활 속에서도 충분히 가능하다.

영국도 '창의력 연계 프로그램'을 활용해서 장르의 벽을 무너뜨리고 있다. 가령 비디오 아티스트가 과학 수업을 진행하며 빛을 이용한 영상을 보여주고 과학을 새롭게 경험하도록 한다. 학교 안과 밖, 과학과 예술의 경계를 무너뜨리는 것이다.

현재 유럽 교육의 키워드는 '창의력'과 '통합학습'이다. 어떻게 하면 각각으로 나뉘어 굳어진 생각을 깨고 통합적으로 바라보는 사고를 키울 수 있을까. 어떻게 하면 학생들이 재미있게 배우도록 할까. 진지하게 고민하고, 실제 프로그램을 만들어 활용한다.

한편 우리나라 아이들은 창의력 테스트에서 2위를 차지했지만, 빈칸을 많이 남겼다. 이런 결과에 대해 테스트 담당자는 냉정하게 분석했다.

"한국 아이들은 잠재력이 뛰어나지만 오답이 두려워 백지를 택했다. 정답을 요구하는 사회 앞에서 성장을 멈춘 것이다."

충격적인 지적이다. 어른이 가르치는 대로만 생각하고 행동하는 아이는 타고난 창의력을 잃어버리고 만다. 규칙대로만 행동하며 어른이 그어놓은 선 안에만 머무는 아이는 결코 창의력을 발휘할 수가 없는 것이다. 그 선을 벗어나면 더 이상 안전하지 않다는 불안 때문에 새롭고 독창적인 자기 표현을 시도조차 할 수 없게 되고 만다.

"인간에게 창의성이 없었다면 우리는 아직도 원숭이와 다름없는 유인원으로 지구상에 존재했을 것이다. 닦으면 닦을수록 계발되는 창의성은 바로 전두엽에서 발현된다. 전두엽은 유아기부터 초등학교 시기에 가장 빠르게 발달한다. 이 시기에 창의적인 기능도 가장 빨리 성장한다."

서울대학교 서유헌 교수의 지적이다. 따라서 전두엽의 발달 특성을 고려할 때, 초등학교 시기는 수학이나 영어, 국어 등 학습에 집중하기보다 풍부한 경험을 통해 호기심을 자극하고 창의력을 키우는 것이 무엇보다 중요하다.

일본의 교육 개혁을 이끌고 있는 도쿄대학교 사토 마나부 교수는 "28개국의 학교에 가봤지만 선생님이 칠판에 쓰고 학생이 따라하는 학교는 한국, 일본, 중국, 대만 이외에는 없었다. 21세기 지식기반 사회에서 이런 공부로는 변화를 따라가기 힘들다"고 말했다. 선생님의 일방적인 가르침만 받는 아이들은 새로운 세계를 그리고 자기만의 창의력을 키워내기 어렵다는 지적이다.

세계는 창의력에 중점을 두고 교육하며, 창의성 있는 인재들을 키우려 애쓰고 있다. 컴퓨터와 정보통신기술의 발달로 직업의 재편이 이루어지면서 기계에 대체될 수 없고 복제될 수 없는 능력, 바로 창의성이 주목받고 있기 때문이다.

현재 유망 직종이 10년 후에도 유효할까

세계는 상식의 허를 찌르며 변화하고 있다. 미국 사람이 자신의 신용카드 명세서에 대해 문의 전화를 걸면 누가 전화를 받을까. 당연히 '미국의 신용카드 회사가 받겠지'라고 생각할 것이다. 그러나 그 전화는 인도의 콜센터가 받는다.

생산단지들이 중국과 제3세계로 자리를 옮긴 지는 이미 오래되었고, 이제는 서비스 산업까지 제3세계로 터전을 옮겨가고 있다. 산업의 지형도가 이처럼 크게 바뀌고 있는데도 우리나라 부모 대부분은 여전히 명문대 인기학과에만 들어가면 성공 인증 마크를 선점할 수 있다고 생각한다. 특히 의사, 공무원, 법조인 등의 직업을 선망하는데, 그것이 장밋빛 미래라고 장담하기도 어렵다. 미국에서는 이혼 절차를 대행해주는 웹사이트가 생겨서 변호사를 쓸 때에 비해 비용이 10분의 1 수준으로 떨어졌다. 의학계에도 기계화의 바람이 불고 있어 외과의사보다 수십 배 정밀한 로봇이 점점 더 넓은 영역에 활용될 것으로 보인다.

더구나 부모들이 선망하는 직업군도 이미 균열이 생기기 시작했다. 그것은 대체할 노동력에 의해서가 아니라 공급 과잉에서 비롯되었다. 현실을 반영하듯 "지난해 의사 평균 부채는 4억 원, 변호사는 20퍼센트 이상이 적자, 변리사도 가격인하 경쟁을 해야 한다"는 보도가 나왔다.

대한민국에서 특권층으로 여기는 변호사, 의사, 변리사, 한의사 등 이른바 '사' 자 직업이 더 이상 성공의 안전지대가 아님을 보여준다. 물론 여전히 다른 직종보다 평균 소득이 높지만, 일부는 빚더미에 앉아 있는 실정이기 때문이다.

부모로서는 상상하기도 어려운 미래 사회에 대해 아이들에게 어떤 비전을 제시할 수 있겠는가. 안타깝게도 아이가 미래 세상에 나아갈 준비를 하도록 돕고 격려하는 일 말고는 별다른 방법이 없다는 것이 냉정한 현실이다. 따라서 부모가 도울 수 있는 것은 아이가 가진 재능을 충분히 살려주는 것뿐이다. 자신이 좋아하는 일을 찾아 열정을 갖고 일하는 것, 그것만이 남과 비교할 수 없는 자신만의 경쟁력이 되기 때문이다.

성공으로 이끄는 정서적 안정성

흔히 명문대에 들어가면 당연히 성공의 계단에 올라섰다고 생각한다. 그래서 부모들은 자신의 노후대책마저 포기한 채 자녀의 명문대 입학을 위해 사교육에 올인한다. 그렇다면 과연 명문대에 들어간 학생들은 모두 성공할까. 서울대학교 문용린 교수는 한 신문과의 인터뷰에서 서울대생의 성공 비율을 다음과 같이 지적했다.

"서울대생들은 8가지 지능 가운데 언어지능과 논리수학지능이 발달한 그룹이라고 할 수 있다. 그러나 그것이 사회적 성공까지 보장하는 것은 아니다. 실제로 졸업 후에 사회적으로 성공했다고 할 수 있는 비율은 30퍼센트 정도가 아닐까. 인간친화지능이나 자기성찰지능처럼 다른 사람과 함께 지낼 때 필요한 지능이 결여돼 있다면 성공하기 어렵다고 봐야 할 것이다."

여기서 8가지 지능이란 다중지능이론에서 나온 것으로, 하버드대학교

가드너 교수가 주창한 바 있다. 그는 인간의 지능을 8가지로 나누었다. 언어지능, 논리수학지능, 음악지능, 공간지능, 신체운동지능, 인간친화지능, 자기성찰지능, 자연친화지능이 그것이다. 그동안 IQ라는 단 한 가지 측정 기준을 근거로 지적 능력을 평가해온 것에 대한 문제의식에서 한 걸음 나아가, 아이에게는 다양한 재능의 잠재력이 있다고 밝힌 것이다.

이와 관련해 심리학자 대니얼 골먼은 주목할 만한 실험 결과를 보여주었다.

미국 일리노이고등학교의 수석 졸업자와 차석 졸업자 81명을 연구한 결과, 이들은 대학 진학 후에도 우수한 성적을 냈지만 20대 후반에 이르러서는 겨우 평균적인 성공을 거두었을 뿐이다. 고등학교 졸업 후 10년 뒤에는 이들 중 4분의 1만이 자신이 선택한 분야에서 또래 젊은이들보다 높은 성공을 거두었고 나머지는 그보다 훨씬 못 미쳤다.

이 조사를 담당했던 연구자 중 한 사람인 보스턴대학교 교육학과 아놀드 교수는 그 결과에 대해 다음과 같이 설명했다.

"그들은 일정한 제도 안에서 우수한 성적을 올리는 방법을 알고 있는 우등생이었을 뿐이다. 누가 수석 졸업을 했다는 것은 시험 성적으로 결정되는 경쟁에 그가 매우 강하다는 점을 뜻할 뿐이다. 성적만으로는 그가 삶의 변화에 얼마나 제대로 대응할지 알 수 없다. 또한 주목할 것은, 학문적 지능은 삶의 변화가 가져오는 위기나 기회에 대해서 실제적인 도움이 되지 못한다는 사실이다."

이는 '성적이 좋으면 성공한다'는 우리의 통념을 깨는 결과다.

초등학교 생활기록부의 내용과 30년 후의 행복과 성공에는 어떤 연관

아버지와 함께 스키를 즐기고 요리하면서 대화를 나누는 모습이 자연스러워 보인다. 핀란드 부모들은 아이에게 직접 경험할 수 있는 기회를 많이 제공함으로써 아이의 재능과 소질을 알아내려 노력한다.

성이 있는지 살펴본 조사가 있었다. 사회적으로 크게 성공한 코스닥 상장 업체의 사장과 그의 초등학교 동창들의 30여 년 전 생활기록부를 검토하고 현재 생활 만족도와 소득 등에 관한 설문조사를 실시했다. 그들의 성공 요인은 무엇이었을까. 성적이었을까, IQ였을까? 결과는 둘 다 아니었다. 그들을 성공으로 이끈 것은 바로 정서적 안정성이었다. 생활기록부의 지능지수, 성적, 인성 부분을 살펴본 결과, 오직 인성 부분의 관련성이 매우 높았다.

흔히 부모와 선생님들은 학습이 주로 교실에서 이루어진다고 생각한다. 그래서 정서, 창조력, 신체, 감성, 사교적 능력, 음악, 미술, 운동, 놀이 등 각종 영역에서 아이들이 가지고 있는 재능과 개성을 제대로 인식하지 못한다.

하버드대학교에서 1997년부터 2000년까지 다중지능이론을 적용한 41개 학교의 학업성취도를 조사했다. 다중지능이론을 적용한 학교는 아이들의 재능과 개성을 존중하고 키워주는 프로그램을 진행했는데, 그 결과 일반 시험 점수가 78퍼센트 향상되었고, 학생들의 기강도 80퍼센트 향상되었다. 자신의 개성을 존중받은 아이들은 공부 의욕이 높아져 이처럼 좋은 효과를 거둔 것이다.

만약 아이가 신체능력(운동)이 뛰어나고 가만히 앉아서 공부할 때는 존다면, 이 아이는 머리가 나빠서 공부를 못하는 것이 아니라 신체능력이 뛰어나기 때문에 운동에 더 큰 재능을 보이는 것뿐이다. 바로 이런 아이들이 성장해서 세계적인 스포츠 스타가 되기도 한다.

위스콘신 의과대학 임상심리학과 대럴드 트레퍼트 교수는 "아이에게 무엇이 결여되었는지를 보지 말고 무엇이 있는지를 보라. 그러면 아이는 변할 것이다"라고 말한다.

우리나라 대부분의 부모는 아이의 장점을 찾는 데 매우 둔감하고, 단점은 매우 잘 찾아낸다. 그리고 그 문제를 지적하고 고치는 데 온힘을 쏟는다. 그런데 문제는 그와 같은 부정적인 시선이 아이를 정말 문제투성이로 만들어버린다는 점이다. 아주 사소한 버릇부터 시작해서 아이의 단점만 들춰내고 지적한다면, 아이는 자신에게 아무런 장점이 없다고 여겨 자신을 포기해버리기 때문이다.

내 아이에 대해 얼마나 알고 있을까

부모가 아이의 지능과 재능을 성급하게 판단하고는 '머리가 나쁘다' '수학머리가 아니다' '말이 느리다'는 부정적인 말을 흔히 내뱉는다. 그러나 아이는 아직 꽃도 피우지 않은 씨앗의 상태이고, 어떻게 성장할지는 아직 가능성인 채로만 품고 있을 뿐이다. 가장 믿고 의지하는 부모의 평가가 아이의 머리에 가시처럼 박혀 평생을 그 굴레 속에 살게 할지 모르는데도, 섣부른 평가를 내리며 마치 냉철한 눈으로 바라보고 솔직하게 표현한다고까지 여기는 부모들이 있다.

심리학자 아들러는 학교에 입학했을 때부터 수학 실력이 형편없었다. 그래서 선생님은 아들러를 '수학적 재능이 부족한 아이'로 판단했고, 이 사실을 부모에게 알렸다. 선생님의 말을 들은 아들러의 부모 역시 '얘는 수학머리가 안 되는 모양이다'라고 생각했다. 아들러도 '난 수학은 영 젬병이구나'라고 받아들였다. 무엇보다 수학 성적이 이를 증명해주었으니 달리 할 말도 없었다.

그러던 어느 날 수학시간, 선생님이 칠판에 어려운 문제를 적었다. 그런데 아들러는 그 문제를 보는 순간, 갑자기 어떤 생각이 반짝 떠오르더니 풀 수 있을 것 같은 느낌이 들었다. 아무도 풀지 못하고 선생님의 눈치만 보고 있을 때였다.

"선생님, 제가 풀어볼게요."

아들러가 손을 들어 말했다. 선생님과 반 아이들이 모두 웃음을 터뜨렸다.

"그래? 어디 한번 풀어보렴."

선생님과 아이들의 비웃음을 뒤로 하고 아들러는 칠판에 있는 문제를 풀기 시작했다. 어려워서 모두 눈치만 보고 있던 문제를 아들러가 술술 풀어나가자 교실 안이 조용해졌다. 모두들 멍하니 바라보기만 할 뿐 아무

말도 하지 못했다.

　이 일을 계기로 아들러는 자기도 수학을 잘할 수 있다는 자신감을 갖게 되었고, 이후 수학 성적이 매우 뛰어난 학생이 되었다.

　이날 아들러는 운 좋게도 주위의 평가를 무너뜨릴 수 있는 기회를 잡았지만, 만약 그러지 못했다면 어땠을까. 주위의 평가를 당연하게 받아들여 '난 이것밖에 안 돼' 하면서 자신의 잠재력을 펼칠 생각조차 하지 못한 채 주눅 든 삶을 살았을지도 모르는 일이다. 우연히 어려운 문제를 풀기 전까지만 해도 아들러가 선생님과 부모의 평가에 따라 자신의 재능을 부정했던 것만 봐도 알 수 있다.

　스스로의 가능성을 부정하는 순간 사람은 최고의 스트레스를 받는다. 자신 안에서 가능성을 발견하지 못한다는 것은 희망을 잃는 것과도 같다. 희망이 없는 아이가 어떻게 꿈을 꾸고 그 꿈을 위해 노력할 수 있겠는가. 만약 잠재력이 있다는 느낌을 한 번도 받지 못하고, 선생님과 부모로부터 못난 인간으로 취급받으면 아이는 그 틀에서 벗어나지 못한 채 평생을 낙오자로 살아가게 된다. 아이를 희망의 땅에서 뿌리 뽑아내는 데 선생님과 부모가 큰 몫을 한 것이다.

　다음 사례에서 엄마가 아이를 어떻게 평가하는지 눈여겨보자.

　"아이가 워낙 느려요. 얘 형은 이 나이에 한글을 다 떼고 혼자 책을 읽었어요. 얜 말도 느리고 뭐든지 느려요. 또 뭘 시키려고 해도 무조건 싫다고 해요. 피아노 학원도 일주일, 미술 학원도 이틀 만에 그만뒀어요. 뭐 하나 제대로 하는 게 없다니까요. 일단 책상 앞에 10분을 앉아 있지 못하죠. 유치원에 가기 싫다고 아침마다 실랑이를 하고, 유치원에 갔다 오면 가방을 던져두고 나가 남의 집에서 저녁을 먹고 들어올 때도 있어요. 모든 게 자기 마음대로예요. 우린 모두 포기했어요. 저러다가 뭐가 되려는지 정말 걱정이에요."

엄마의 이야기를 듣다 보면, 정말 미래가 걱정되는 말썽꾸러기 같다. 장유경 한솔교육문화연구원장은 이 아이를 관찰하고 다음과 같은 진단을 내렸다.

"지능검사 결과, 엄마의 예상과 달리 아이는 또래에 비해 우수한 지능을 갖고 있는 것으로 나타났다. 10분도 가만히 앉아 있지 못한다는 아이가 검사가 진행되는 한 시간 가량 놀랄 만한 집중력을 보였다. 오히려 검사를 즐겼다. 게다가 사회적 지능이 매우 뛰어나서 다른 사람의 기분이나 감정에 몹시 민감했다. 처음 보는 검사자에게 선뜻 먼저 말을 걸었고 모르는 문제가 나오면 고개를 갸웃거리며 생각하는 모습이 자못 어른스러웠다. 엄마 눈에는 뭐든 제대로 하는 것이 없는 말썽꾸러기지만, 아이 안에는 글로벌 시장을 상대로 비즈니스를 펼치는 미래 비즈니스맨의 가능성이 꿈틀거린다. 여러 나라의 이해관계가 얽혀 있는 복잡한 국제문제들을 날카로운 이성과 특유의 친화력으로 능숙하게 해결해내는 외교관의 모습이 보인다."

결국 엄마가 이 아이에게서 보지 못한 것은 무엇일까? 바로 잠재력이다.

괴테는 이렇게 말했다.

"인간은 보이는 대로 대접하면 결국 그보다 못한 사람을 만들지만, 잠재력대로 대접하면 그보다 큰 사람이 된다."

아인슈타인, 닉 부이치치를 성공시킨 믿음의 힘

　14년 동안 몸담아온 시카고 공립학교에 사표를 낸 마바 콜린스 선생님은 자기 집 2층에 교실을 만들었다. 다섯 명의 아이와 시작한 웨스트사이드 예비학교에는 태도 불량으로 퇴학당했거나 공부를 지지리도 못하는 문제아들이 찾아들었다. 그러나 1년 후, 아이들은 예전 학교에 다닐 때보다 높은 성적을 내기 시작했고, 몇 년이 지나자 셰익스피어와 그리스 고전을 읽게 되었다. 그리고 하버드대, 예일대 등 명문대에 합격하는 기적 같은 일들이 일어났다. 무엇이 아이들을 움직이게 했을까. 그것은 바로 '누구에게나 성공의 잠재력은 있다'는 선생님의 믿음이었다.
　이처럼 믿어주는 사람이 한 사람만 있어도 아이들은 결코 자신의 삶을 포기하지 않는다. 학교에서도 가정에서도 환영받지 못했던 아이들은 그 어디에도 적응할 수 없었지만, 자신들을 믿어준 마바 콜린스 선생님을 만난 뒤로 달라졌다. 자신의 인생을 소중하게 생각했으며, 자신을 위해 열심히 노력하기 시작했다.
　연구에 따르면 칭찬과 사랑을 많이 받은 아이일수록 창조성을 잘 발휘한다. 칭찬과 사랑을 통해 자신의 내면세계를 느끼고 그 시각으로 사물을 긍정적으로 인식하기 때문이다. 모든 아이가 무한한 잠재력을 가지고 있지만, 다 발휘하는 것은 아니다. 칭찬과 격려로 자란 아이는 내면의 힘을 한껏 뽑아올릴 수 있지만, 야단맞고 비난받으며 자란 아이는 자신의 존재감조차 부정하기 때문에 잠재력을 발휘하기가 어렵다.
　미국의 교육학자 로젠탈과 제이콥슨은 초등학생 650명의 지능을 검사했다. 그리고 각 반에서 20퍼센트의 학생들을 무작위로 선택한 후 그 아이들의 명단을 교사에게 주었다. 그러면서 '지능검사 결과, 성적이나 지능이 크게 향상될 가능성이 있는 것으로 판명된 학생들'이라는 말을 덧붙였다.

그로부터 8개월 뒤 다시 똑같은 지능검사를 했다. 결과는 어떻게 나왔을까. 8개월 전 우수하다고 분류한 학생 집단이 다른 집단보다 평균 3.8점이나 높은 점수를 받았다. 우수하다는 말을 들은 학생 자신도, 교사도 그에 따른 기대와 믿음을 가진 결과다.

그렇다면 '믿음'의 힘은 과연 얼마나 클까. 한 다큐멘터리에서 방영한 플라시보(placebo, 투약에 따른 긍정적 심리 반응)가 극적으로 나타난 라이트 씨의 사례를 통해 그 효과를 확인할 수 있다.

라이트 씨는 암에 걸려 살 수 있는 날이 며칠 안 남았다는 선고를 받았다. 오렌지 크기의 종양이 발견되어 입원한 그는 암에 효과가 있다는 약물에 대한 소식을 들었다. 그리고 그 약을 주사로 맞자 며칠 후 종양이 감쪽같이 사라져버렸다. 그런데 두 달 후 그 약물이 가짜라는 의학 기사를 읽었다. 놀랍게도 암은 즉시 재발했다. 의사는 이전보다 두 배나 강력한 새로운 버전의 약물이 있다며 그것을 주사했다. 사실 그것은 물이었지만 신기하게도 종양이 녹아 없어졌다. 라이트 씨는 그 후 두 달 동안 건강하게 지냈다. 그러나 그 약물이 아무런 효과가 없다는 기사를 읽고 이틀 뒤 죽고 말았다.

이에 반해 나빠질 것이라는 기대감 때문에 몸이 나빠지는 경우도 있다. 이는 노시보(nocebo) 효과인데, 로버트 한 박사가 이 효과를 실험했다. 연구자들은 천식 환자에게 어떤 증기를 들이마시게 하고, 그것이 알레르기를 일으키는 화학물질이라고 말했다. 그러자 환자 중 거의 반 정도가 호흡에 문제가 생겼고 12명은 완전히 발작을 일으켰다. 다시 그들에게 기관지에 작용하는 약이라며 치료제를 주자 증세가 호전되었다. 그러나 이 치료제나 처음에 마신 증기는 모두 같은 식염수였다.

마음은 긍정적으로 믿으면 좋은 결과를 내고, 부정적으로 믿으면 나쁜 결과를 낸다. 흔히 말하는 '간절히 원하면 온 우주가 돕는다' '운명은 생각하는 대로 된다' 등의 문구는 단순히 희망을 바라는 주문이 아니라 운명을 결정하는 마음의 힘인 것이다. 그리고 이것은 부모 자식의 관계에도 그대로 적용된다. 부모가 자녀를 믿고 지지하면 아이는 그 기운을 받아서 긍정적으로 성장하고, 부모가 자녀를 믿지 않고 의심한다면 아이는 그 기운을 받아서 부정적인 결과를 만들어낸다.

팔다리가 없는 선천적 장애를 갖고 태어난 닉 부이치치는 어린 시절 자살을 시도하기도 했다. 남과 다른 외모에 절망해서였다. 그런 그를 일으켜 세운 것은 부모의 격려와 믿음이었다. 부모는 그를 무조건 돕는 대신 그에게 세상과 마주볼 수 있는 용기를 주었다.

부모의 격려에 힘입어 닉 부이치치는 모두가 불가능하다고 생각한 것에 도전하기 시작했다. 운동을 하고 회계학 학위까지 받았다. 남과 다른 신체를 극복하고 자신의 꿈을 이루기 위해 도전한 닉 부이치치는 이제 사람들이 자신을 보며 희망을 갖게 되기를 바라고 있다.

아인슈타인은 네 살이 될 때까지 말을 제대로 못했고, 학교에 들어가서는 수학을 제외한 모든 과목에서 낙제를 받았다. 담임교사조차 다른 아이

핀란드에서는 아버지의 어깨에 목말을 탄 아이들을 쉽게 볼 수 있다(왼쪽). 아이가 관심을 갖고 바라보는 데 불편함이 없도록 배려해서다. 오른쪽은 헬싱키 시내 공원에서 자전거를 타는 가족. 가족이 취미를 공유함으로써 공감대를 유지하려 애쓴다.

들의 공부에 방해가 된다며 그를 가르칠 수 없다고 말할 정도였다. 하지만 어머니는 변함없이 지지해주고, 아들의 개인적인 학습 방식을 이해해주었다. 아인슈타인이 인류 역사상 길이 남을 천재가 될 수 있었던 힘은 바로 어머니였다.

아인슈타인의 어머니는 아들에게 하루에도 몇 번씩 같은 말을 되풀이했다.

"너는 세상 다른 아이들에게 없는 훌륭한 장점이 있어. 그래서 이 세상에는 너만이 감당할 수 있는 일이 너를 기다리고 있단다. 그 길을 찾아가야 한다. 너는 틀림없이 훌륭한 사람이 될 거야."

성악가를 꿈꾸는 소년이 있었다. 그러나 소년의 목소리를 들은 선생님은 "네 목소리는 마치 바람에 문이 덜컹거리는 소리 같구나. 아무래도 네게는 성악이 맞지 않는 것 같다"라고 말했다.

그러나 그의 어머니는 아들의 노래를 들을 때마다 격려의 말을 아끼지 않았다.

"너는 세상에서 가장 아름다운 목소리를 가지고 있단다. 그러니 열심히 노력하면 틀림없이 위대한 성악가가 될 거야. 엄마는 널 믿는다."

어머니의 칭찬과 격려에 힘을 얻은 그는 밤낮을 가리지 않고 노력하여 결국 세계 최고의 성악가가 되었다. 바로 그 유명한 카루소 얘기다.

최초로 비행기를 만들어 하늘을 나는 꿈을 실현시킨 라이트 형제에게 가장 큰 힘이 된 것도 어머니의 가르침이었다. 라이트 형제의 어머니는 아이들이 어렸을 때부터 라이트 형제가 하는 일을 격려하고 용기를 주었다.

"너희는 날 수 있어."

자전거 기술자였던 라이트 형제가 비행기라는 발명품을 만들어낼 수 있었던 힘은 바로 어머니였다.

30대 초반에 존스 홉킨스 병원의 소아외과 과장이 되었고 역사상 최초로 샴쌍둥이 분리 수술에 성공한 벤 카슨. 그는 흑인 빈민가 출신에다 초등학교 때는 반에서 꼴찌였다. 그런 그를 일으켜 세운 이도 어머니였다.

"너는 무엇이든지 할 수 있다. 크게 생각하고 최선을 다해라."

가난해서 남의 집 일을 다니며 힘들게 살면서도 어머니는 아들에게 책을 읽도록 격려하고 꿈을 심어주었다.

이처럼 어머니들이 자녀를 일으켜 세운 것은 바로 잠재력을 일깨우는 격려의 한마디였다. 부모의 '믿음'이 자녀를 성공으로 이끈 것이다.

부모의 사랑이
아이의 두뇌를 깨운다

만약 아이가 울면서 숙제를 한다면, 부모는 '안타깝지만 할 수 없지'라고 생각한다. 그러나 두뇌를 지배하는 것은 감성이다. 정서적으로 반감이 들면 숙제든 공부든 결코 머리에 남지 않는다.

사람의 두뇌는 3층 구조다. 생명과 관련된 뇌간이 있고, 감성이 1층(구피질), 이성이 2층(신피질)이다. 1층은 감성을 자극하는 놀이, 다양한 체험활동 등을 주관하고, 2층은 이성을 키우는 독서, 공부 등을 담당한다. 그런데 모든 구조가 그렇듯이 1층이 튼튼해야 2층도 무너지지 않고 발달할 수 있다. 그렇다면 1층인 정서의 힘을 기르는 데 무엇이 필요할까. 재미있게 뛰어놀고 즐거운 활동을 하는 것과 함께, 정서적 안정을 느낄 수 있는 부모의 사랑과 지지가 필요하다. 미국 심리학자 매슬로는 다음과 같이 설명했다.

"하위 욕구가 충족되지 않으면 상위 욕구는 결코 생기지 않는다. 공부를 하고자 하는 요구는 4단계 인지적 욕구다. 이것은 3단계인 소속감과 애정의 욕구가 충족되지 않으면 결코 생기지 않는다."

정서적 안정감이 있어야 그것을 발판 삼아 학습 욕구가 생긴다는 설명이다.

엄마 손은 약손

"부모는 자녀에게 세 가지를 베풀어야 한다. 바로 시간, 관심, 애정이다."

교육학자 페스탈로치의 말이다. 시간, 관심, 애정은 얼핏 쉬운 듯이 보이지만 사실 실천하기 가장 어려운 덕목이다. 바쁘게 움직이면서도 아이가 부를 때 지체 없이 달려가, 부족한 것은 없는지 지나친 것은 없는지 주의 깊게 살펴야 한다. 무엇보다 아이가 언제든 다가와 안길 수 있도록 품을 내줄 수 있어야 한다. 그러나 요즘 엄마들은 아이에게 무언가를 가르쳐야 한다는 강박관념에 휩싸여 있다. 집에서 직접 가르치거나 사교육을 시키고 성적을 체크하는 것이 부모 노릇인 양 안다. 그러면서 잃어버린 게 있다. 따듯한 품을 내어주는 법을 잊었다는 것이다.

과연 부모의 따듯한 품은 얼마나 중요할까. 13세기 남유럽을 지배했던 신성로마제국의 황제 프레더릭 2세는 아기를 상대로 위험한 실험을 했다.

'갓난아기는 엄마나 보호자의 말을 통해 언어를 배우는데, 만약 말을 건네는 사람 없이 성장한다면 아이는 과연 어떤 말을 할 수 있을까?'

그것이 궁금했던 프레더릭 2세는 실제로 갓난아기들을 모아놓고, 먹이고 씻기면서도 말을 건네거나 안고 쓰다듬는 행위는 전혀 하지 못하도록 했다. 그렇게 성장한 아기들은 최초로 무슨 말을 했을까? 아이들은 결국 한마디도 하지 못했다. 말을 할 나이가 되기도 전에 모두 죽고 말았다. 이와 같은 충격적인 실험 결과가 의미하는 것은 무엇일까. 아기는 먹는 것만으로 성장하지 않는다는 것, 다른 무엇보다 보호자의 따뜻한 품, 사랑이 필요하다는 것이다.

루마니아의 독재자 차우셰스쿠 정권 때의 사례도 돌봄과 보살핌이 얼마나 중요한지를 일깨운다. 차우셰스쿠는 정권을 잡은 뒤 인구를 늘리기 위해 피임과 낙태를 금지했다. 그리고 가임여성들에게 적어도 아이 네 명을 낳게 했다. 아이를 낳지 않으면 특별 세금을 내야 했기 때문에 여성들은 어쩔 수 없이 원치 않는 임신을 해야 했다. 그렇게 태어난 아이들이 십만여 명에 이르렀다. 설상가상으로 국가 경제도 어려운 시기여서 수많은 아이가 고아원에 버려졌다. 부모의 사랑 한 번 제대로 받아보지 못한 채 말이다.

수많은 아기를 돌볼 사람이 부족한 탓에 아기들은 방치되다시피 했다. 차우셰스쿠 정권이 무너진 뒤 이 아이들을 구해서 각종 검사를 해보니 대부분이 두뇌에 심각한 결함이 있었다. 그리고 고아원에 버려진 시기가 길수록 두뇌 크기가 작았다.

측두엽 안쪽에 있는 '해마'는 단기기억과 공간기억을 담당하는 중요한 기억중추다. 그런데 이 해마에 있는 신경세포는 스트레스 호르몬에 매우 약하다. 과도한 스트레스 호르몬에 지속적으로 노출되면 해마의 신경세포가 죽어 크기가 줄어든다. 어려서 학대를 받은 아이들은 성인이 되어서도 해마의 크기가 10퍼센트 정도 작다고 한다. 해마가 작을수록 기억장애가 심하게 나타나는데, 매 맞는 아내나 알코올중독자의 아내가 특히 심한 건망증을 보인다. 극심한 스트레스에 만성적으로 시달려 해마가 줄어들었기 때문이다. 이처럼 뇌세포는 정서적 영향에 매우 민감하다. 사랑받을 때 성장하고, 학대받으면 죽고 만다.

'따뜻한 사랑과 배려, 좋은 관계는 질병도 예방한다'는 연구 사례도 있다. 건강한 하버드대생 125명에게 자신의 부모에 대한 느낌을 물어보았다. 그리고 35년이 지나 이들의 나이가 50대 후반이 되었을 때 그들의 건강 상태를 조사하여 서로 비교 분석했다. 결과는 놀라웠다.

35년 전 어머니에 대해 긴장되고 냉정한 느낌을 받았던 사람은 그동안 91퍼센트가 관상성 심장병, 고혈압, 십이지장궤양, 알코올중독과 같은 심각한 질병에 걸렸다. 반면 어머니에게 따듯함과 친근함을 느꼈던 경우는 45퍼센트만이 질병에 걸렸다.

아버지에 대해 긴장감과 냉정함을 느꼈던 경우는 82퍼센트가 질병에 걸렸지만 따듯함과 친근함을 느꼈던 경우는 50퍼센트가 질병에 걸렸다. 아이가 아버지보다 어머니와의 관계에 더 영향을 받는다는 것을 알 수 있다. 더 충격적인 사실은 부모 모두에게 긴장감과 냉정함을 느꼈던 경우는 100퍼센트가 질병에 걸렸다는 것이다.

'엄마 손은 약손'이라는 말도 있지만, 실제로 통증 부위를 문지르거나 눌러주면 바로 통증이 누그러진다. 피부로 전달되는 진정 효과와 따뜻한 사랑의 힘이다. 특히 어린 시절에는 피부를 통해 느끼는 감각작용이 활발하고 예민하다. 그래서 아이에게 애정을 표현할 때도 스킨십을 하면서 이야기하는 것이 좋다.

"아이가 등교할 때, 하교할 때, 잠자기 전. 이렇게 하루 세 번 안아주기로 결심했다. 처음엔 폭 안기지 못했던 아들이 어느 순간부터인가 내게 폭 안기기 시작했다. 아주 작은 변화지만 이 힘 있는 포옹 속에서 아이의 변화를 느낀다. 따뜻한 사랑을 느낀다. 엄마인 내게서 충전을 해가는 것 같은 느낌이다."

아이를 안아주면서 가정이 화목해진 경우다. 이처럼 아이가 에너지를 얻고, 학교생활을 활기차게 할 수 있는 힘은 부모가 품을 열어줄 때 생기는 것이다.

우리 안의 '작은 레인맨'

1톤이 넘는 무게도 거뜬히 들어올리는 코끼리가 작은 말뚝에 얌전히 매여 있다? 이를 신기하게 여긴 사람이 근처에 있던 조련사에게 물었다.

"어떻게 저 큰 코끼리를 작은 말뚝에 묶어둘 수 있죠?"

그러자 조련사가 웃으며 대답했다.

"물론 코끼리가 어릴 때는 자신을 묶어둔 말뚝을 뽑아버리고 마음대로 돌아다니려 했죠. 하지만 실패하고 맙니다. 이런 일이 반복되면 코끼리들은 더 이상 말뚝을 뽑고 다른 곳으로 가려는 시도를 하지 않게 됩니다."

몇 톤이나 되는 몸집을 자랑하는 코끼리를 묶어둔 것은 결국 어릴 적의 기억이었던 것이다. 이것은 아이들의 공부에도 적용될 수 있다. 아무리 대단한 잠재력을 타고나더라도, 아무리 호기심과 탐구심이 뛰어나더라도,

어릴 때의 강제당한 경험에 자신을 가두기 시작하면 자신의 내부에 잠재된 힘이 얼마나 큰지도 모른 채 작은 틀에 머물고 만다. 학습된 무기력이 잠재력을 발휘할 수 없도록 두뇌를 억압하기 때문이다. 이처럼 두뇌는 자극에 반응해서 자기 역량을 전혀 발휘하지 못하게 하기도 하고, 폭발적인 힘을 발휘하기도 한다.

자폐증과 같은 뇌기능 장애를 가진 사람이 천재성을 보이는 경우를 서번트 신드롬(savant syndrome)이라고 한다. 영화 〈레인맨〉의 실제 주인공 킴 픽도 서번트 신드롬에 해당하는데, 킴 픽은 머릿속에 백과사전 전집이 저장돼 있다고 할 정도로 기억력이 뛰어나다. 말레이시아의 천재 화가이자 자폐아인 핑 리안은 그림 공부를 정식으로 받은 적이 없다. 6세에 처음 연필을 쥐고 그림을 그리기 시작했다는데, 18세인 지금은 작품 한 장이 경매에서 10만 달러에 팔릴 만큼 명성을 얻었다.

서번트 신드롬으로 세상에 나온 사람의 뒤에는 변함없는 애정과 믿음으로 지켜봐준 누군가가 있었다. 천재 화가 핑 리안의 뒤에는 엄마가 있었다. 자폐아인 핑 리안은 엄마의 손길조차 거부해서 엄마가 말을 하거나 만지려고 할 때마다 거부하고 도망쳤다. 그러나 엄마는 포기하지 않고, 아이가 잠든 사이 밤마다 아이를 쓰다듬으며 이야기를 했다. 아이가 듣든 듣지 않든 매일 밤 이야기를 들려주었다. 바로 그 사랑이 아이의 천재성을 드러내는 중요한 자극제가 되었다.

우리의 두뇌는 매우 신비한 힘을 가지고 있다. 서번트 신드롬은 좌뇌가 손상되어 제 기능을 하지 못할 때 우뇌가 발달하여 나타난다고 한다. 그래서 좌뇌의 손상에 대한 우뇌의 보상인 셈이다. 이에 대해 대럴드 트레퍼트 박사는 이렇게 말했다.

"우리에게는 각자 숨겨진 능력, '작은 레인맨'이 있다. 후천적인 서번트는 뇌를 다친 후에 그런 잠재력을 운 좋게 찾아낸 것이다. 우리 모두에게 그런 능력이 있다. 이제 그 능력을 찾아 나서기만 하면 된다."

뇌 속에는 무려 1천억 개의 신경세포, 즉 뉴런이 존재한다. 자극을 전달하는 신경계의 단위인 뉴런은 컴퓨터같이 수많은 회로로 연결되어 있다. 컴퓨터 회로는 한 번 끊어지면 스스로 복구하지 못하지만, 뇌는 스스로 회로를 바꿀 줄 안다. 또한 학습하면서 변화하고 스스로 성능을 발전시킨다. 고정되지 않고 변화하는 두뇌의 능력은 한계를 상상하기조차 어렵다.

뇌의 변화 능력을 검증한 실험으로 영국의 두뇌과학자 맥과이어의 연구가 있다. 영국 런던에 블랙캡이라는 고급택시 운전기사가 있다. 블랙캡이 되려면 런던 중심가에서 반경 10킬로미터 안쪽에 있는 작은 거리를 다 외우고 있어야 하고, 두 지점 간에 가장 빠른 지름길까지 다 꿰어야 한다. 그런 실력을 갖추는 데는 약 3년간의 혹독한 수업이 필요한데, 지원자의 4분의 3은 중도에 포기하고 만다. 그러나 시험에 합격하면 보통 택시기사에 비해 두 배 가까운 소득을 얻을 수 있다.

거리에 대한 시공간적 학습을 많이 한 블랙캡의 뇌를 MRI로 촬영해보았더니, 일반인에 비해 해마가 더 컸다. 또한 블랙캡 생활을 오래 한 사람일수록 더 크게 나타났다. 즉 지속적인 학습과 학습된 결과물을 반복적으로 사용한 것이 뇌를 자라게 한 것이다. 이처럼 뇌는 고정된 것이 아니고, 쓴다고 고갈되는 것도 아니며, 쓰면 쓸수록 확장하면서 새로운 네트워크를 만들어가는 역동적 유기체다.

뇌 과학으로 본 남녀의 공부법 차이

두뇌의 특성을 이해하면 아이를 대하는 부모의 태도도 달라질 수 있다. 흔히 초등학교에서는 여자아이들의 능력이 두드러져 보인다. 선생님 말씀에 귀 기울이고, 숙제도 잘하고, 정리정돈도 깔끔하다. 반면 남자아이들은 수업시간에 산만하고 심지어 멍해 보이기까지 한다. 세심하게 챙길 줄을 몰라서 과제물도 잘 빠뜨리고 주변을 정리하지 않아서 어지럽게 늘어놓는다. 바로 이러한 차이점 때문에 여자아이들의 능력이 앞선 것으로 보이고, 남자아이들이 상대적으로 문제가 있는 것처럼 평가받는다. 그런데 여기에서 짚고 넘어가야 할 것이 있다. 남자아이와 여자아이의 뇌는 다르게 발달한다는 사실이다.

여자아이는 소근육과 사고력, 언어능력이 먼저 발달한다. 그에 비해 남자아이는 대근육과 행동이 먼저 발달해서 움직이는 걸 좋아한다. 그래서 한자리에 가만히 있지 못하니 산만해 보이는 것이다. 이러한 발달상의 차이는 보통 초등학교 5, 6학년 시기인 11~12세가 되면 거의 사라진다. 그러나 현재 대부분의 가정과 학교에서 아이들에게 요구하는 수준이나 교육 방식은 여자아이의 발달 단계에 맞춰져 있다. 그래서 상대적으로 뒤떨어져 보이는 남자아이들이 더 야단을 맞거나 비교를 당하면서 심리적으로 위축된다. 그러나 여자아이와 남자아이는 발달 과정이 서로 다를 뿐, 각각 장단점을 가진다. 그 특징을 잘 이해해야 아이를 부당하게 몰아붙이거나 야단치는 일이 생기지 않는다.

물론 남자아이 중에도 여성적인 뇌의 특징을 보이는 아이가 있고, 여자

아이 중에도 남성적인 뇌의 특징을 보이는 아이가 있다. 따라서 아이의 말과 행동에 주의를 기울여서 아이의 두뇌 특징을 세심하게 관찰하는 것이 좋다. 그에 맞게 장점을 살려주고 부족한 부분은 보완할 수 있기 때문이다.

한 다큐멘터리에서 남자와 여자의 차이를 실험으로 보여주었다. 엄마가 아이와 함께 놀다가 아프다고 하니까 여자아이는 엉엉 운 데 반해, 남자아이는 아파하는 엄마의 모습을 보고 오히려 웃었다. 이것은 남녀 뇌의 공감 능력에 차이가 있음을 보여준다. 남자에 비해 여자가 공감 능력이 뛰어난 것이다.

이런 사실을 모른 채 남자아이를 보면 어떤 마음이 들겠는가. '엄마가 아프다는데 웃어. 싹수가 노랗구나' 하면서 화가 날 것이다. 그러나 남자아이가 공감 능력이 떨어지기 때문이라는 것을 안다면 아이에 대해 분노를 느끼지는 않을 것이다. 또한 남자아이의 행동 특성 중에 만화영화를 보고 있을 때 부르면 대답을 안 하는 경우가 있다. 이때도 일부러 대답을 안 하는 것이 아니라, 만화영화에 몰입해서 그 소리를 듣지 못한 것일 뿐이다.

흔히 남자아이는 여자아이에 비해 일기 쓰기를 싫어한다. 거기에도 이유가 있다.

"오늘 하루 일 중에서 가장 기억에 남는 일을 써봐."

남자아이에게 이렇게 말하면 한참 몸살을 한다. 뭘 써야 할지 몰라서다.

"친구와 물총놀이를 했는데 재미있었다."

딱 한 줄이다.

"뭘 느꼈는지도 써야지."

그러면 남자아이는 고개를 갸우뚱한다. 느낌을 표현하기가 어려운 것이다. 심리학자 레너드 삭스 박사는 다음과 같이 지적했다.

"남자아이는 감정을 말하는 것을 어려워한다. 그래서 남자아이에게는 '어떻게 느끼니'라고 묻기보다 '그래서 이제 뭘 하려고 하는데?'라고 묻는 것이 좋다."

남자아이들은 항상 뭔가 행동을 하도록 프로그래밍 되어 있기 때문에 어떻게 느끼는지가 아니라 무엇을 할지 물어볼 때 스트레스를 덜 받는다는 것이다.

그렇다면 남자아이와 여자아이의 학습지도는 어떻게 해야 효과적일까. 남자아이는 대근육과 행동이 먼저 발달하므로 밖에서 마음껏 뛰어놀게 하거나 운동, 체험학습을 많이 시키는 것이 좋다. 몸을 많이 움직이면 정서적으로도 안정되어 공부에 집중하기 쉽다. 또한 여자아이보다 게임을 좋아하고 승부욕이 강하다. 따라서 게임이나 정해진 시간 안에 임무 완수하기 등 승부욕을 자극하는 상황을 만들어주면 학습을 비롯한 활동 의욕이 강해진다.

여자아이는 기초적이고도 핵심적인 학습능력인 사고력, 언어능력이 남자아이에 비해 먼저 발달하므로 학습 기회를 상대적으로 일찍 그리고 많이 주는 것이 좋다. 어떤 것이든 호기심과 관심을 보인다면 일단 해보도록 권한다. 여러 가지가 있다면 부모가 일방적으로 결정해줄 것이 아니라 아이가 스스로 선택하게 한다.

남자아이에 비해 여자아이의 두뇌 발달 속도가 빠르다. 언어지능이 높고, 공감 능력이 발달해 인간친화지능이나 자기이해지능도 높다. 그래서 남자아이보다 여자아이가 자기 의견을 빨리 제시하고 감정을 잘 표현한다. 이때 부모가 그 의견과 감정을 무시하지 않고 존중해주는 일이 매우 중요하다. 특히 의식적이든 무의식적이든 여성적인 것을 강조하지 않도록 주의한다.

최소한 초등학교 저학년 때까지는 여자아이의 자신감, 독립심, 자율성을 길러주는 데 아빠의 관심과 격려가 큰 역할을 한다. 아빠를 통해 이성(異性)인 남성의 특성과 장점을 이해하고 배우기 때문이다.

다양한 실험과 연구 결과, 여자아이는 남자아이에 비해 공감 능력은 뛰어나지만 체계화하는 능력은 상대적으로 떨어진다. 최근 수능시험 결과를 봐도 여학생들은 대체로 언어영역 성적이 높은 반면 수리영역의 성적은 낮다. 그렇지만 어릴 적부터 장난감을 비롯한 다양한 학습 도구를 적극적으로 사용하고 활용한다면 여자아이에게 부족한 공간지각력이나 분석하고 체계화하는 능력을 자연스럽게 기를 수 있다.

놀이를 중시하는 핀란드 교육철학

'아이들에게는 놀 권리가 있다. 그리고 그런 권리를 최대한 충족시켜줘야 공부도 열심히 하게 된다.'

핀란드 사람들이 사회적 공감대로 갖고 있는 교육철학이다. 그래서 아이들은 마음껏 뛰어놀고, 예술을 즐기고 스포츠나 여가활동을 하며, 푹 잔다. 이를 위해 학교와 사회, 가정이 함께 노력한다.

유치원에서는 지식 교육을 거의 시키지 않고 놀이 중심으로 가르친다. 학교에 들어가서도 비가 오나 눈이 오나 쉬는 시간에는 아이들에게 모두 밖으로 나가라고 한다. 이유는 단 하나다. 쉬는 시간에는 말 그대로 맘껏 쉬고 뛰어놀라는 것이다. 아이들이 실컷 뛰어놀아야 정서가 안정되고 집중력도 생긴다고 생각해서다. 그래서 학교에서는 궂은 날씨에도 아이들이 밖으로 나갈 수 있도록 장화와 우비를 학생 수만큼 준비해놓는다. 영하 15도 이하로 떨어지지 않는 이상 교실 밖에서 놀아야 하는 것이다.

겨울에 아이들이 눈싸움과 썰매를 타고 나면 옷이 젖기 때문에 학교에는 옷을 말리는 건조실이 있고, 개인용 썰매와 겨울용 두꺼운 옷을 걸어두는 큼직한 옷장도 있다.

핀란드 아이들이 방학을 보내는 방식도 우리와 많이 다르다. 우리나라 아이들은 방학 때 흔히 학원에 가거나 선행학습을 한다. 그런데 핀란드 아이들은 자기가 좋아하거나 평소 관심 있었던 것을 배운다. 축구, 농구, 야구 등 스포츠에 빠져 지내거나 드럼이나 기타와 같은 악기를 배우기도 한다. 마음껏 노는 공부인 셈이다.

'그렇게 놀고 나면 공부가 더 하기 싫어지지 않을까?' 우리 부모들은 이렇게 걱정할지 모르겠다. 그러나 신기하게도 다음 학기의 학업성취도는 더 올라간다. 하고 싶은 것을 맘껏 해봤기 때문에 욕구불만을 해소하고 학교에 와서는 더 공부에 열중할 수 있는 것이다.

공부 워밍업을 위한 필수 조건, 놀 권리

우리 시각으로 보자면 그저 놀면서 시간을 보낸 것인데 어떻게 성적이 올랐을까? 그건 바로 하고 싶은 일을 마음껏 하면서 뇌를 즐겁게 활성화시켰기 때문이다. 즐겁고 긍정적인 기분일 때 뇌는 활발하게 움직이며 정보를 받아들일 준비를 한다. 뇌 기반 학습법의 차원에서 볼 때, 스트레스는 공부의 가장 큰 적이다. 스트레스 상태에서는 뇌가 움직이려 하지 않기 때문이다. 스트레스를 풀고 적당한 운동으로 몸과 마음을 이완시켜준

여름 캠프를 온 핀란드 아이들은 변화무쌍한 자연을 몸소 체험하며 친구들과 어울려 협동하고 화합하는 공동체 삶을 배운다. 호수 낚시(왼쪽)는 핀란드 아이들이 매우 좋아하는 놀이 중 하나다.

다면 뇌가 활성화되면서 학습 효과도 높아진다. 아이들은 마음껏 뛰어놀면서 즐거운 공부의 워밍업을 하는 것이다.

아이들은 놀면서 자연스럽게 배우는 힘이 있다. 개미를 관찰해라, 봄에는 어떤 꽃이 피는지 살펴봐라, 가르칠 필요가 없다. 그냥 맘껏 뛰어놀게 하면 개미가 가는 길도 살피고 꽃잎 뜯어 반찬도 만든다. 그리고 또래 집단에서 열심히 놀다 보면 서로를 배려하는 법도 배운다.

친구들과 어울려 놀며 협력하고 배려하는 법을 배워야 할 초등학교 시절에 우리 아이들은 뛰어놀 시간이 없다. 학교로 학원으로 뱅뱅 도는 탓이다. 이런 아이들은 스트레스 지수가 높아 짜증도 잘 낸다. 아이가 스트레스라는 말을 꺼내면, 부모는 '어린애가 무슨 스트레스야'라며 대수롭지 않게 생각한다. 그러나 아이들도 스트레스를 받고 어떻게든 풀려고 한다. 살기 위해서 말이다. 그리고 아이들이 스트레스를 풀기 위해 선택하는 것이 바로 게임이나 인터넷이다. 그것이 유일한 낙이기 때문이다.

운동을 열심히 해야 공부도 잘하게 된다는 것을 증명하는 연구 결과들이 속속 발표되고 있다. 과학전문지 〈뉴사이언티스트〉에 소개된 연구 결과를 보면, 1주일에 세 번, 30분씩 운동을 한 결과 학습능력과 집중력이 15퍼센트나 좋아진 것으로 나타났다.

하버드대학교 정신과 존 래티 교수는 "운동이 집중력과 침착성은 높이고 충동성은 낮추는 효과가 있다"는 연구 결과를 발표했다. 이에 따라 미국 켄터키주는 8학년(중학교 2학년)까지 매일 의무적으로 30분씩 운동을 하도록 하는 법안을 통과시켰다.

미국 일리노이주에 있는 네이퍼빌 고등학교에서는 수업 시작 전에 강도 높은 0교시 체육수업을 실시한 결과 학생들의 성적이 크게 향상되었다. 특히 문학과 수학 과목에서 효과가 컸다.

그렇다면 우리의 현실은 어떠한가? 몇 시간 되지 않는 체육시간을 줄여 국영수를 더 가르치려 한다. 운동하는 시간은 공부를 하지 않는 시간이라는 낡은 생각에서 아직 벗어나지 못하고 있기 때문이다.

두뇌가 제대로 움직일 수 있도록 활성화되기 위해서는 운동이 꼭 필요하다. 그런데 오히려 조용히 앉아서 꼼짝 하지 말고 공부만 하라고 하니까 아이들이 공부를 답답하고 고리타분하게 여기는 것이다. 독일 울름대학 연구팀에서 실험한 결과, 공부하는 중간에 30분마다 간단한 에어로빅 운동을 하면 집중력이 향상되었다. 특히 수학처럼 집중력이 중요한 과목을 제대로 공부하기 위해서는 처음부터 공부하는 중간에 운동 스케줄을 포함시킬 필요가 있다고 한다. 아이들이 공부하는 중간에 기지개를 켜거나 가볍게 스트레칭을 하는 것만으로도 효과를 볼 수 있다는 것이다.

아이가 책상에 오래 앉아 있는 것은 자랑이 아니다. 오히려 규칙적으로 운동해 몸과 마음을 활기차게 만들도록 부모가 배려해주어야 한다.

잠자는 것도 공부다

핀란드 가정에서는 특별히 학습 지도를 하지 않는다. 다만 아이와 부모 모두 책을 가까이 하고, 아이가 자기 전 부모가 책을 읽어주는 정도다. 핀란드 부모들이 특별히 신경 쓰는 것은 아이들이 일찍 자고 일찍 일어나는 수면 습관을 잡아주는 것과 아이가 밖에서 두 시간 정도 실컷 뛰어놀도록 하는 것이다. 특히 수면 시간에 주의를 기울여 수면 리듬을 바로잡기 위해 애쓰는데, 성장기에는 수면이 육체적 성장과 두뇌 발달에 매우 중요하다는 것을 알기 때문이다.

아동과 청소년들의 생활패턴에 관한 국제 비교 연구 결과를 보면, 우리나라 학생들의 수면 시간은 평균 7시간 30분이다. 미국(8시간 47분), 핀란드(8시간 31분), 스웨덴(8시간 26분)에 비해 한 시간 정도 적게 자는 것으로 나타났다.

우리나라에서는 공부를 잘하려면 잠자는 시간을 줄여야 한다는 생각이 지배적이다. 흔히 잠자는 시간을 단순히 쉬는 시간쯤으로 여기기 때문에, 자는 시간을 아껴야 공부 시간을 확보할 수 있다는 판단에서다.

그러나 잠자는 동안 뇌에서는 아주 중요한 작용이 일어난다. 낮에 새로 얻은 정보를 임시로 저장해두었다가 잠을 자면서 기억으로 완성한다. 즉 잠을 자는 동안 낮에 배운 공부를 정리하는 것이다.

잠자는 동안 뇌는 낮에 새로 얻은 정보를 재정리하고 기억으로 저장한다. 수면 역시 공부의 일부인 것이다. 핀란드 부모들은 아이가 어려서부터 수면 습관을 바로잡을 수 있도록 세심하게 신경 쓴다. 공부를 잘하려면 밤잠 줄여가며 공부해야 한다고 믿는 우리 현실과 많이 다르다.

미국과 프랑스 연구팀이 최근 두뇌의 해마에서 만들어진 기억이 어떻게 신피질로 이동하여 장기 기억으로 저장되는지, 그 비밀의 일부를 밝혀냈다. 주파수가 맞아야 정보를 수신할 수 있는 것과 유사한데, 두뇌의 뇌파가 예파로 바뀌면 해마의 정보가 신피질로 이동한다는 사실을 밝혀낸 것이다. 중요한 것은 예파가 수면 중에만 나타난다는 사실이다. 실험을 통해 확인한 결과, 예파 상태가 나타나지 않도록 조작하면 기억률이 떨어졌다.

한 실험에서도 전날 밤 8시간 이상 잠을 충분히 자고 기억 테스트를 받은 학생과 잠자지 않고 테스트를 받은 학생들의 성적을 비교한 결과 잠을 충분히 잔 학생들의 성적이 평균 30퍼센트 이상 좋았다.

낮에 한 공부는 밤에 자는 동안 기억으로 완성된다. 밤에 잠을 제대로 자지 못하면 낮에 공부한 것은 물거품이 되고 만다. 기억하지 못하는 공부는 아무런 의미가 없기 때문이다. 결국 잠을 줄이면 학생들의 공부는 헛수고가 된다. 잠을 제대로 자지 못하니 기억하는 게 줄어들고, 그 결과 공부해야 할 것은 늘어나고 그래서 다시 잠을 줄여야 하는 악순환에 빠진다.

핀란드 부모들이 소박하게 실천하는 '푹 자고, 실컷 뛰어놀게 하기'가 과학적으로 효과 있는 교육임이 증명된 셈이다.

핀란드
가정 통신
02

공중도덕과 독립심 강조

핀란드 교육의 핵심에는 놀이 외에도 공중도덕 교육이 있다. 핀란드에서는 마트 등 공공장소에서 뛰어다니거나 소리치고 우는 아이들을 발견하기가 어렵다. 어릴 때부터 부모들이 공공장소에서 어떻게 행동해야 하는지 가르치기 때문이다.

핀란드 아이들이 말귀를 알아들을 즈음 부모에게서 가장 많이 듣는 말은 아마 "힐리야(조용해)"일 것이다. 처음에 나는 핀란드 부모들이 아이들의 기를 너무 죽이는 게 아닌가 생각했을 정도다. 한창 말을 배워서 호기심에 가득 차 종알거리고 싶은 아이에게 계속 조용히 하라고만 하니 말이다.

그러나 이런 교육이 아이들의 기를 죽이는 것이 아니라는 것은 핀란드에서 몇 년만 살아보면 알게 된다. 핀란드 아이들은 철저한 공중도덕 교육을 통해 조용히 해야 할 장소, 떠들 수 있는 장소를 구별하게 되며, 남에게 피해주지 않는 법을 터득하게 된다.

얼마 전 우리 아이들과 크루즈 배를 타고 이웃 나라인 에스토니아에 다

너왔을 때의 일이다. 배에는 우리처럼 아이와 함께 여행 중인 가족이 많았는데, 돌아오는 배 안에서 몇몇 아이들이 하루가 고되었는지 투정을 부리며 울기 시작했다. 한 아이가 다리를 쭉 벌리고 바닥에 철퍼덕 주저앉아 투정을 부렸다.

아이의 부모는 일단 아이가 우는 것과는 상관없이 아이의 위치와 자세를 교정했다. 사람들이 지나다니는 길목에 아이가 앉아 있는 것이 신경 쓰였던 것이다. 그리고 계속 우는 아이를 울지 말라고 타이르는 것이 아니라 발을 모으라고 지시했다. 다른 사람들에게 방해되지 않도록 말이다.

또한 핀란드 마트에서는 이상할 정도로 과자나 사탕을 사달라고 조르는 아이가 별로 없다. 이유는 부모들이 보통 일주일에 딱 하루(보통 토요일)를 정해 '사탕 먹는 날'로 허락하기 때문이다. 아이들은 다른 날에는 사탕이나 과자를 사주지 않는다는 원칙을 잘 알기 때문에 과자를 보고도 그냥 지나칠 수 있는 것이다. 이런 '사탕 먹는 날'을 정해놓으면 아이들의 군것질 양을 제한할 수 있으며, 덤으로 비만과 충치도 사전에 예방할 수 있다.

그렇다고 핀란드 부모들이 엄한 규율 속에서 자유를 억압하며 아이를 키우는 것은 절대 아니다. 오히려 정반대다. 공중도덕 등 기본적인 사항만 구속할 뿐이고 나머지는 오히려 아이들에게 많은 자율권을 준다.

핀란드 부모들은 어릴 때부터 아이를 하나의 독립 개체로 인정하고 많은 자율권을 부여하며 독립심을 키워주는 양육 방식을 채택하고 있다. 심지어 두 살짜리가 혼자서 옷을 입는 경우도 많다. 유치원이나 가정 모두 아이에게 옷을 입혀주기보다는 아이가 혼자서 옷을 입도록 격려해주고,

아이가 옷과 씨름하는 동안 옆에서 인내심 있게 조언하며 지켜봐준다. 아이가 넘어져도 즉시 일으켜 세워주지 않는다. 옆에서 조용한 목소리로 아이를 안심시키면서 혼자서 일어날 수 있도록 격려해줄 뿐이다.

핀란드 아이들은 중학생이 되면 통금시간을 11~12시 정도까지 허락한다. 부모는 아이가 통금시간 안에만 귀가하면 어디에 있었는지, 누구와 무엇을 했는지 세세하게 묻지 않는다. 아이를 믿고, 무엇보다 아이가 그만큼 컸으니 스스로 알아서 한다고 생각하는 것이다. 어려서부터 많은 자유를 누리지만 그만큼 스스로의 행동에 대해 확실하게 책임을 져야 한다고 배운다.

10대의 음주나 흡연에 대해서도 우리나라 부모들보다 관대한 편이다. 핀란드 부모들은 직접적으로 제재하기보다 아이가 스스로 경험하고 결정하도록 지켜보는 편이다. 우리 남편의 경우도 담배를 피우기 시작한 게 중학생 무렵이었는데 스스로 담배의 해악을 깨닫고 열아홉 살에 담배를 끊었다고 한다. 지금은 전혀 담배를 피우지 않으니, 스스로 경험해보고 옳은 결정을 내린 셈이다.

3부

핀란드 부모처럼, 문제해결능력 키우는 자녀교육법

전 세계가 인정하는 핀란드 교육의 전제는
우리 부모가 간과하는 것이 무엇인지 잘 짚어준다.
첫째, 모든 사람은 잠재력을 타고난다.
둘째, 아이는 문제가 있는 것이 아니라
배워야 할 기술이 있을 뿐이다.
셋째, 아이의 잠재력을 믿고 흥미를 가질 수 있도록 도와주어야 한다.
넷째, 아이가 실천할 수 있도록 용기를 북돋아줘야 한다.

즐거운 공부
추억 만들기

2002년 한일월드컵 때 네덜란드 출신 감독 히딩크의 인기가 대단했다. 그의 훈련 방법과 과학적인 시스템 등도 큰 관심을 끌었는데, 히딩크를 통해 본 북유럽 축구 교육의 단계는 우리의 것과 사뭇 다르다.

1. 초등학생 때는 축구를 '즐기도록' 만든다.
2. 중학생 정도 되면 체력 훈련을 강화하고 기본기를 익힌다.
3. 고등학생이 되면 실전 연습을 한다.

이 단계는 핀란드 등 북유럽의 공부 시스템과도 통한다. 그런데 우리는 초등학교 때부터 실전에서 승리해야 하는 구조여서 기본기와 체력 훈련보다는 실전 연습에만 매달린다. 명문대에 들어가려면 초등학교 때부터 성적을 철저히 관리해야 한다는 생각 때문이다. 그러나 공부는 단기전이 아니라 장기 레이스다. 하루 이틀 공부하고 끝나는 것이 아니다. 따라서 성장 과정에 맞게, 무리하지 않고 한 발씩 전진하는 공부가 명문대로 가는 길을 오히려 넓혀준다. 시험 때마다 성적에 집착해서 자녀를 압박하면, 아이는 스트레스를 풀기 위해 게임이나 인터넷 같은 중독성 있는 놀이에 집착할 수도 있다.

책상에 앉아 있는 7시간 49분

부모는 아이가 진득하게 앉아서 공부하는 모습을 지켜보는 것이 가장 큰 기쁨일 것이다. 산만하게 왔다 갔다 하지도 않고 한 자리에 앉아 책을 보고 있다면, 집중력이 있다고 칭찬을 아끼지 않을 것이다. 자, 다음 두 가지 경우가 있다. 과연 누구의 성적이 더 좋을까.

총 공부 시간 비교

① 한 주에 50시간 공부하는 학생
② 한 주에 30시간 공부하는 학생

총 자습 시간 비교

① 한 주에 8시간 자습하는 학생
② 한 주에 20시간 자습하는 학생

핀란드 아이들은 날씨가 좋은 여름이면 숲으로 가 베리를 따거나 버섯을 채취하고, 집안의 농사일을 거들면서 자연의 순리를 배우고 노동의 가치를 경험한다.

아마도 대부분이 첫 번째 경우에서는 1번을, 두 번째에서는 2번을 선택할 것이다. 책상에 오래 앉아 공부하는 학생이 당연히 성적도 잘 나올 것이라고 말이다.

첫 번째 경우의 1번과 두 번째 경우의 2번은 우리나라 학생이고, 첫 번째 경우 2번과 두 번째 경우 1번은 핀란드 학생이다. 우리나라 학생의 공부 시간이 핀란드 학생보다 거의 두 배나 많다. 그렇다면 성적도 우리나라 학생들이 핀란드 학생에 비해 두 배나 좋을까?

앞서도 언급했듯이 실제 성적은 핀란드가 1위, 우리나라가 2위다. 물론 2위니까 우리나라 성적도 좋다고 할 수 있다. 그런데 문제는 공부 효율이다. 얼마나 효율적으로 공부하는지 측정한 결과 핀란드는 1위, 우리나라는 24위였다. OECD 국가의 평균보다도 아래였다.

참고로 대한민국 학생들의 공부 시간은 세계 최고 수준이다. 과연 어느 정도일까. PISA 2003 자료에 따르면, 우리나라는 평일 기준 전체 공부 시간이 8시간 55분이다.

성적이 비슷한 핀란드(4시간 22분)보다 4시간 33분, 일본(6시간 22분)보다 2시간 33분이 많다. 주 5일을 기준으로 따진다면 우리나라 학생이 핀란드 학생들보다 무려 22시간 45분을 더 공부하는 셈이다. 통계청이 발표한 〈2009년 생활시간 조사〉에서 초등학생의 평일 공부 시간은 7시간 49분이었다.

더 많은 시간을 공부하고도 왜 성적이 뒤질까. 밥 먹는 시간, 잠자는 시간을 아껴가며 공부하지만, 질적인 효율성은 크게 떨어지기 때문이다.

우리나라 학생들은 공부를 어려워한다. 선생님은 일방적으로 가르치고, 피드백이 이루어지지 않기 때문에 잘 모르는 내용이 있어도 혼자 해결해야 한다. 그래서 학원 등 사교육을 통해 다시 공부하는 것이다. 그러나 핀란드 아이들은 수업시간에 혹은 학교 안에서 선생님과 함께 바로바로 문제를 해결한다.

에빙하우스의 곡선을 망각의 곡선이라고도 한다. 의미가 없는 것은 24시간 안에 잊어버린다는 것이다. 그러나 의미를 잡아내고 그 자리에서 연습해보면 의미기억으로 곧장 저장되고 오래 기억된다. 그래서 핀란드 학생들은 굳이 집에 가서 공부를 하지 않아도 학교에서 배운 것을 그때그때 의미기억으로 저장하는 것이다. 그리고 학습이 뒤떨어지는 아이들은 학교에서 보조교사가 공부를 가르쳐준다. 따라가지 못하는 아이들을 떨어뜨리는 구조가 아니라 함께 갈 수 있도록 배려하는 것이다.

한편 우리는 공부 시간이 얼마나 되느냐에 집착한다. 오래전부터 '4당 5락'이라고 해서 4시간 자면 대학 입시에 붙고 5시간 자면 떨어진다는 말이 있었다. 그러다 보니 책상의자에 얼마나 오래 앉아 있는지가 공부의 관건인 양 여겨졌다. '공부 시간이 많을수록 성적도 좋다'는 고정관념 때문이다. 그래서 책상에 오래 앉아 있는데도 성적이 오르지 않으면, 머리가 안 좋아서 그렇다고 생각한다. 그런데 주위에 보면 공부도 잘하고 운동도 잘하며 성격까지 아주 밝은 아이들이 있다. 이런 아이들을 보면 '얼마나 머리가 좋기에'라고 흔히 생각한다. 그러나 이런 유형을 잘 살펴보면 특징이 있다.

- 가정이 화목하고 정서적으로 안정되어 있다.
- 자신의 공부 페이스를 갖고 즐겁게 공부한다.
- 잠을 충분히 자고, 운동도 열심히 해서 몸에 활력이 있다.

바로 핀란드형 공부법이다. 그런데 정작 아이가 그처럼 여유 있게 생활한다면 우리 부모는 불안해서 가만히 있지 못할 것이다. 잠자는 시간이 많다 싶으면, '이 시간에 누군가는 공부하고 있을 텐데'라며 불안해하고, 아이가 공을 차고 놀면 '이 시간에 다른 아이들은 학습지 하나 더 할 텐데' 하는 생각이 들어 공연히 뛰어다니는 아이가 미워지기까지 한다. 그래서 아이에게 짜증을 부리거나 잔소리를 하고 만다.

얼마 전 도서관 식당에서 초등학교 5, 6학년쯤 되는 여자아이와 부모가 밥을 먹고 있는 모습을 보았다. 시험 기간이라 도서관에 온 모양이었다. 가족끼리 도서관에 와서 책도 보고 밥도 먹는 화목한 가정이다 싶었다. 그런데 엄마가 아이에게 던지는 말이 놀라웠다.

"남들은 밥 먹는 시간도 아껴가며 공부하는데, 얼른 먹고 올라가야지."

말도 없이 밥을 먹던 엄마가 차가운 목소리로 유일하게 던진 말이었다. 아이는 별다른 대답도 하지 않고 밥만 먹었다. 슬쩍 건너다본 아이의 얼굴은 어두웠다.

맛이 있는지 없는지도 모른 채 음식을 먹은 아이가 소화도 되기 전에 열람실 책상에 앉아 과연 공부에 집중할 수 있을까. 입장을 바꿔 생각해 보자. 남편이 "게으름 피우지 말고 살림 열심히 해"라며 잔소리하고 출근했다면, 긍정적인 마음으로 음식을 만들고 집안일을 할 수 있을까. 아마도 스트레스 때문에 친구에게 전화를 걸어 실컷 수다를 떨거나, 가방을 챙겨들고 쇼핑하러 나갈지도 모른다. 어떤 일을 하기 전의 마음 상태에 따라 결과는 이처럼 달라진다.

성적은 짧고 공부 추억은 길다

아이가 초등학교 시절에 '공부'를 떠올렸을 때 어떤 느낌을 갖고 있는지는 매우 중요하다. 모르는 것을 배워가는 재미를 느끼지 못하고 성적 때문에 공부하면, 공부는 재미없고 지겨운 것으로 기억된다. 공부에 대한 부정적인 이미지가 두뇌에 입력되어서, 공부라는 말만 들어도 하기 싫고 피하고 싶어진다. 이 때문에 나중에 마음을 잡고 공부하려고 해도 집중하기 어렵고, 내용도 기억에 잘 남지 않는다. 따라서 처음 공부를 접하는 초등학교 때 공부가 즐거운 것이라는 인식을 갖게 하는 것은 매우 중요하다.

초등학교 2학년 아이에게 문제집을 풀자고 했더니, 주먹으로 문제집을 퍽퍽 내리쳤다.

"왜, 문제집 푸는 게 재미없어서 그래?"

아이가 말없이 얼굴을 찡그렸다. 코까지 실룩실룩하는 걸 보니, 정말 하기 싫은 모양이었다.

"그래, 그동안 얼마나 했나 볼까?"

페이지를 넘기며 "와, 그동안 이렇게나 많이 했구나" 하니까 아이의 표정이 풀어지면서 "그럼, 내가 좀 했지"라고 말한다. 조금은 으쓱해하는 표정이다.

"어디 보자. 아니 이런 어려운 문제도 풀다니."

"엄마는 이런 문제 몇 학년 때 풀었어?"

"우리 때는 3, 4학년은 되어서야 풀었던 것 같은데."

"그래? 그럼 내가 그렇게 어려운 문제를 푼단 말이야?"

"엄마가 하도 오래돼서 기억이 잘 안 나는데, 엄마한테 가르쳐주면서 풀면 어떨까?"

"그럼 내가 선생님이 되는 거야? 나한테 배우려고?"

"그렇죠, 선생님."

그 한마디에 아이는 언제 짜증을 냈냐는 듯 깔깔대고 웃었다. 그러고는 잔뜩 흥분하며 어깨에 힘을 주더니 이렇게 말했다.

"자, 학생. 딴 데 보지 말고 여기를 잘 봐."

그러더니 신이 나서 문제 푸는 과정을 일일이 설명해주었다. 가르치느라 힘이 든다며 물을 가져오라는 심부름까지 시켜가며 말이다.

"아, 가르치는 거 진짜 힘들다. 그런데 우리 선생님은 이런 걸 매일 하시다니."

아이는 선생님의 노고도 잠시 헤아리더니, 저 혼자 마지못해 문제를 풀 때와는 아주 다르게 문제에 집중하고, 계산하는 과정 하나하나를 조곤조곤 설명했다.

공부가 끝난 뒤 어린 선생님은 이렇게 말했다.

"아, 가르치고 나니까 머리가 좋아지는 느낌이네. 머리에 뭔가 꽉 들어온 것 같아."

뿌듯해하는 아이에게 내일도 가르쳐달라고 했더니 신나 한다. 그러고는 출입증이라며 '저녁 8~9시 공부, 국어·수학'이라고 쓴 카드를 만들어 사인까지 해주며 내밀었다.

"내일 공부 시간에 늦으면 안 돼."

"아, 네. 설거지 빨리 하고 갈게요. 그런데 엄마한테 가르쳐주려면 학교에서 선생님 말씀을 잘 들어야 되겠네요? 공부 시간에 눈 반짝 뜨고 잘 듣고 오세요."

"아, 그래야겠군."

아이는 아주 의젓한 얼굴로 고개를 끄덕였다.

만약 아이가 문제집을 주먹으로 퍽퍽 쳤을 때, 태도만을 문제 삼았다면 상황은 어떻게 달라졌을까.

"너 지금 그게 어디서 배운 행동이야. 공부하는 학생이 문제집을 주먹으로 쳐? 얼른 펴고 문제 풀지 못해?"

그러면 아이는 짜증을 내거나 불만에 가득 차서 문제가 눈에 잘 들어오지 않을 것이다. 아이가 공부에 대해 재미를 느끼지 못한 상태에서 몰아

세우면 거부감만 더 느낄 뿐이다. 따라서 아이가 짜증을 내면, 그 마음을 이해하고 분위기를 바꾸어 재미있게 공부할 수 있도록 도와야 한다.

아이가 학교 공부에 대해 어떤 느낌을 갖고 있는지 점검해보자. 그리고 문제가 되는 부분을 찾아 부정적인 느낌을 없애도록 노력해야 한다. 특히 시험 성적에 중점을 두다 보면 공부습관이 망가질 수 있으므로 주의해야 한다.

첫째, 벼락치기를 허용해서는 안 된다. 시험을 망치더라도 무리하게 공부를 다그쳐서는 안 된다. 벼락치기로 한 공부는 두뇌에 저장되지도 않고 공부에 대한 긴장감만 더할 뿐이다. 공부는 '즐겁게, 꾸준히'가 핵심이다.

둘째, 지나친 숙제 부담을 줄여줘야 한다. 특히 사교육 기관에서 과도하게 내주는 숙제를 시키는 대로 하게 해서는 안 된다. 보통 학원들은 빡빡한 스케줄과 많은 분량의 숙제로 학생들이 공부할 수밖에 없는 분위기를 만든다. 부모들이 이런 학습 관리 시스템을 좋아하기 때문이다. 자녀가 열심히 숙제하는 모습을 보며 안심하는 부모의 심리를 이용하는 것이다. 대부분의 부모들은 자녀가 책상에 앉아서 숙제라도 하면 노는 것보다 낫다고 생각한다.

과연 숙제가 학업 성취에 도움이 될까. 미국 듀크대학교의 해리스 쿠퍼 교수가 숙제와 학습능력의 관계에 대해 연구했다. 연구 결과는 부모의 기대와 달랐다.

"초등학생의 경우 읽기를 제외하고는 숙제가 학습능력 향상에 도움을 주지 못한다. 중학생의 경우 1시간 30분, 고등학생의 경우 매일 2시간 이상 숙제를 하면 학습능력이 향상되기는커녕 오히려 역효과를 가져온다."

스탠퍼드대학교 린다 달링 해먼드 교수도 "숙제가 오히려 학생들의 학습 의욕을 꺾는다"고 지적했다. 궁금해서 알고자 하는 공부가 아니라 숙제를 위한 공부를 하게 되면 몰입하기가 어렵다. 오히려 빨리 끝내고 싶다는 심리가 생겨 숙제 검사만 통과하자는 식이 된다. 따라서 숙제 내용을 이해하고 기억하는 과정을 거치지 못한 채, 힘만 들이고 머리에 남는 것은 없는 단순노동이 되어버리는 것이다.

셋째, 무작정 암기하는 것은 이해하는 재미와 배우는 즐거움을 빼앗는다. 공부는 궁금한 것을 찾아 하나하나 이해하는 과정이어야 한다.

넷째, 아이의 수준을 무시하고 어려운 문제를 풀게 하면 안 된다. 아이가 느끼기에 너무 어렵지도 않고 너무 쉽지도 않은 문제를 선별하여 풀게 한다. 난이도가 적절해야 몰입하기가 쉽다.

아이가 공부에 집중하지 못한다면, 분명 이유가 있다. 좋은 성적을 받고 싶은 욕심이 지나쳐 수준과 실력을 고려하지 않고 어려운 수준의 공부를 하고 있을 수 있다. 가령 시험은 100킬로그램을 드는 수준을 요구하는데, 아이의 근력은 50킬로그램 정도를 들 수 있다면 어떻게 해야 할까. 아이의 수준에서 약간 높은 정도인 55킬로그램을 목표로 잡고 근력을 키워가야 한다. 시험 수준과 상관없이 자기 페이스를 갖는 것이다. 당장 성적을 잘 내고 싶다는 욕심으로 100킬로그램을 들려 하면 근육통이 생기고, 그러고 나면 질려서 아예 공부를 그만두고 마는 것이다.

TIP 공부 추억 체크리스트

아이가 공부에 대해 어떤 느낌과 생각을 갖고 있는지 점검해보는 일은 매우 중요하다. 특히 성적 때문에 공부하면 '공부는 재미 없고 지겨운 것'이 된다. 이처럼 공부에 대한 부정적인 기억이 쌓이면 갈수록 공부하는 데 어려움을 느끼게 된다. 현재 아이가 어떻게 공부하고, 어떤 학습 태도를 보이는지 잘 살펴보자.

번호	질문	체크
1	늘 밀린 숙제를 하느라 허덕인다.	
2	학원에서 숙제를 지나치게 많이 내준다.	
3	모르는 것이 나오면 알아보려 하지 않고 무작정 외우려 든다.	
4	시험 준비를 할 때면 많이 힘들어하고 신경도 날카로워진다.	
5	평소에는 공부를 게을리하다가 시험 때만 되면 벼락치기를 한다.	
6	공부와 성적 때문에 자주 야단을 맞는다.	
7	한자, 영어 단어, 수학 공식, 개념어 등을 노트에 써가면서 무작정 암기한다.	
8	책상에 앉으면 바로 공부를 시작하지 않고 자꾸 딴짓을 한다.	
9	주변에 감시하는 사람이 있어야 공부를 한다.	
10	시험이 끝나면 몹시 좋아하며, 공부를 내팽개친다.	

■ 해설

부모의 판단으로 다섯 가지, 아이의 판단으로 세 가지 이상 해당한다면 공부 추억이 망가지고 있다고 봐야 한다. 현재 성적이 좋더라도 유쾌한 공부 추억을 만들기 위해 노력하지 않으면 가면 갈수록 성적이 곤두박질치게 된다는 사실을 기억해야 한다.

학습 목표형 vs 평가 목표형

요즘 아이들은 성적에 집착하고 실패를 두려워하며, 잘하지 못하는 것을 걱정한다. 왜 그럴까? 성적에 민감한 부모 때문이다. 아이들은 성적이 좋으면 부모와의 관계도 좋아지고 모든 문제가 다 해결된다고 생각한다. 그래서 이리저리 부딪치면서 문제를 해결하고 노력하기보다 적당히 쉬운 길이 없는지 딴생각을 많이 하게 된다.

새로운 것에 도전하고 배우려는 아이와 평가(점수)를 중요하게 생각하는 아이를 대상으로 한 가지 실험을 했다. 문제가 주어졌을 때 어떻게 해결하는지 알아보았다.

- 어렵지만 새로운 것을 배울 수 있는 학습 문제 ⋯▶ **학습 목표형**
- 얼마나 잘하는지, 똑똑한지 알아보는 평가 문제 ⋯▶ **평가 목표형**

두 아이에게 두 가지 문제 유형을 주고 선택하게 했다. 아이들은 각자의 성향에 맞게 문제를 골랐다. 그러나 사실 통 안에 들어 있는 문제 내용은 똑같았다.

- **학습 목표형** 일곱 문제를 맞혔지만 세 개를 맞혔다고 말해주었다.
- **평가 목표형** 만점을 받았는데 여섯 개를 맞추었다고 말해주었다.

다음 2차 문제는 1차 때와 난이도가 비슷했다. 그러나 아이들에게는 "지난번 시험보다 어려운 문제"라고 이야기하고 풀어보게 했다.

- **학습 목표형** 1차 때보다 한 문제를 더 맞혔다.
- **평가 목표형** 1차에서 만점을 맞았음에도, 네 문제를 풀고는 "어려워서 못하겠다"며 포기했다.

평가 목표형 아이는 어려운 문제 앞에서 도전하기보다는 피하려 했다. '이것을 실패하면 망신당하겠는걸. 다들 나를 똑똑하다고 생각하는데 이 문제를 못 풀면 완전히 멍청이로 볼 거야'라고 생각하기 때문이다.

콜롬비아대학교 교육심리학과 캐롤 드웩 교수가 이 실험과 관련해서 결과를 분석했다.

"평가 목표형 아이들은 실패를 겪으면, '이 실패는 내가 능력이 없다는 것을 의미하는 거야. 내가 멍청하고, 이 과목에 소질이 없다는 뜻이야'라고 생각한다. 그러면 그것으로 정말 끝인 것이다. 그러나 학습 목표형 아

학교에서 시상식이 있던 날, 아이들은 자기 이름이 호명되기를 진지한 표정으로 기다리고 있다(오른쪽). 핀란드에서는 아이들의 개성과 자존감을 최대한 고려하여 상을 받지 않는 아이가 없을 정도로 다채로운 명목의 상을 수여한다. 칭찬은 아이들의 학습 의지 향상에 절대적 도움이 된다.

이들은 실패를 경험할 때, '흠, 이 실패는 내가 다른 방법을 써야 한다는 거야. 내가 더 많은 노력을 해야 한다는 뜻이야'라고 생각하고는 다른 것을 좀더 배워 이 문제를 다시 풀어봐야겠다고 생각한다."

그런데 우리 사회는 아이들을 평가 목표형으로 몰고 있다. 점수와 성적만을 중시해서 아이가 하나라도 더 배웠는지, 열심히 했는지에 대해서는 전혀 관심을 기울이지 않는다. 하루 세 장씩 푸는 수학 문제집을 보고, "오늘 열심히 풀었구나"가 아니라 "몇 개 틀렸어? 세 개나 틀렸네?"라는 식으로 아이를 몰아붙인다. 그러면 아이는 평가받는 것에 민감해져 새로운 도전을 시도하기보다 안전하게 점수를 얻는 데만 관심을 갖게 된다.

또한 아이가 시험을 잘 봤다고 "넌 진짜 똑똑해. 머리가 좋구나"라고 칭찬하는 것도 좋지 않다. 언뜻 보기에는 좋은 말처럼 들리지만, 아이가 다음과 같이 생각하도록 만들기 때문이다. '내가 성공했던 것은 타고난

능력이 있었기 때문이고, 지금은 실패했으니까 나는 능력이 없는 것이다.' 그러면서 아이는 실패를 두려워하게 된다.

이처럼 과정(노력)을 칭찬하느냐, 결과(점수)를 칭찬하느냐에 따라 결과는 판이하게 달라진다. 따라서 아이의 지능(똑똑함)을 칭찬하기보다는 어떤 방법으로 과제를 해결했는지, 과정에 초점을 맞추고 칭찬하는 것이 좋다.

"놀랍다! 그 문제를 어떻게 푼 건지 알려줄래?"

"어떻게 그런 생각을 하게 됐니?"

이처럼 과정을 칭찬하면, 아이는 그 일에 보다 흥미를 갖고 더 열심히 하게 된다. '시행착오라는 과정을 겪으며 배운다'는 것은 공부에서 가장 중요한 과정이다. 그래서 아이가 편안하고 긴 호흡으로 학습능력을 다질 수 있도록 부모는 시간을 주어야 한다.

생활 속에서 공부 이삭 줍기

직장에 다니는 엄마들은 전업주부에 비해 아이와 함께하는 시간이 적어서 걱정이 많다. 정보를 접할 기회가 부족하다는 생각에 불안하고, 아이의 공부를 제대로 챙겨주지 못해 미안한 마음이 크다. 그래서 흔히 아이를 학원 등에 보내 공부 시간을 관리하는 경우가 많은데, 여기에는 부작용이 따른다. 스스로 공부하는 즐거움을 경험하지 못하고 시계추처럼 학원을 오가기 쉽기 때문이다. 그렇다면 직장에 다니는 엄마들에게 다른 해법은 없을까.

엄마가 아이들과 장을 보러 갔다가 마트 선반에 진열돼 있는 우유를 보았다.

"큰 우유 한 곽과 작은 우유 두 곽 중 어느게 양이 더 많을까?"

신이 나서 이것저것 구경하던 딸이 우유를 한참이나 들여다보았다.

"컵에 따라보면 금방 알 수 있을 텐데."

그때 다가온 아들이 우유를 집어들었다.

"여기 리터가 나와 있잖아. 작은 거 두 개를 더해보면 알겠네."

둘은 큰 우유와 작은 우유를 집어들어 계산을 하더니 의기양양하게 "엄마 큰 것 하나나 작은 것 두 개나 양은 똑같아요. 고민하지 말고 그냥 사셔도 돼요"라고 말했다.

"그렇구나. 이제는 너희가 직접 물건을 골라보렴. 너희도 알다시피 우리 집 식비는 하루 5달러야."

엄마의 말이 떨어지기 무섭게 아이들의 얼굴이 환해졌다. 그리고는 저희끼리 의논을 하더니 결국 5달러에 맞춰 장바구니를 채웠다. 그날 이후 장을 볼 때는 아이들은 으레 물건 값을 확인하고 계산을 했다. 엄마는 계산을 먼저 하는 아이에게 상으로 동전을 주기도 했다. 이런 과정을 거치면서 아이들은 숫자 계산에 도사가 돼버렸다.

장병혜 교수 가족의 즐거운 공부 시간이다. 장병혜 교수는 마트에서 깔깔거리는 아이들의 모습을 보다 문득 '이렇게 즐거운 분위기에서 무언가를 배울 수 있다면 얼마나 좋을까' 하는 생각이 들어 이와 같은 공부 방법을 시도하게 되었다고 한다.

"장을 볼 때는 물건 하나하나에 대해서 이것이 어디에서 왔고 어떤 과정을 거쳐 만들어졌는지, 여기에 어떤 성분이 들어 있는지 함께 이야기했다. 우리끼리 이야기해서 결론이 나지 않으면 아이들은 누가 시키지 않아도 집에 돌아와 책을 뒤져 답을 찾았다. 그리고 그렇게 얻은 지식은 절대 잊어버리지 않았다."

공부는 장보기에서 멈추지 않고 부엌으로까지 이어졌다. 음식을 만드는 식재료 하나에서도 나올 수 있는 질문거리는 다양했다. 가령 감자를 대상으로, 이것이 식물의 어느 부분인지, 어떤 성분들이 들어 있는지, 그것이 몸에 들어가 어떤 작용을 하는지, 나누는 이야기마다 공부거리가 되기 때문이다.

거기서 한 걸음 더 나아가 땅이 주는 고마움, 작물을 가꾸는 농부의 노력, 왜 환경을 지키고 자연을 소중하게 생각해야 하는지도 주제가 된다. 이처럼 우리가 늘 먹는 음식으로도 얼마든지 대화와 토론이 이루어질 수 있는 것이다.

자녀교육의 훌륭한 전형으로 소개되는 케네디의 어머니 로즈는 식탁을 자녀교육 공간으로 활용했다. 식탁에 모여 앉아 대화를 나누고 하루 일과를 점검하곤 했다. 특히 아이들은 저녁 식탁에서 세상일에 대해 들을 수 있었다. 아버지가 밖에서 있었던 일을 식사 시간에 들려주었던 것이다.

로즈는 아이들의 눈에 잘 띄는 곳에 게시판을 두고 신문이나 잡지에서 본 좋은 글을 붙여두었다. 그 기사를 화제 삼아 질문도 하고 서로 의견을 나누었다. 그러면 자연스럽게 토론이 이루어졌다. 대화가 잡담으로 흐를 때면 로즈는 질문을 하거나 화제를 돌리면서 대화가 잘 이루어지도록 이끌었다. 아이들이 커가면서는 〈뉴욕타임스〉 기사를 소재로 삼을 정도로 토론의 깊이를 더해갔다. 식탁이라는 생활공간을 배움의 장소로 자연스럽게 변화시킨 덕에 로즈의 아이들은 촉망받는 인재로 성장할 수 있었다.

우리는 흔히 책상에 10분, 30분, 한 시간 앉아 있는 것이 공부습관을 들이는 거라고 기계적으로 생각한다. 그러나 그것을 반대로 생각하면 책상에 앉아 있는 시간 빼고는 공부하지 않는 것이 된다. 아이들은 원래 호기심으로 눈을 반짝이는 존재라는 사실을 기억한다면, 오히려 공부습관이라는 틀 속에 아이의 호기심을 가두는 것이 되고 만다.

공부는 책상머리에서만 하는 것이라는 편견을 버린다면, 주위에 존재하는 모든 것이 배울 거리가 되고 모든 공간이 배움터가 된다. 따라서 직장생활을 하는 부모들이 가정에서 보내는 시간과 공간을 어떻게 활용할 것인지, 그것은 각자의 환경에 맞게 관심사에 비추어 만들어가면 된다. 둘러보면, 생활 속에는 공부의 이삭이 여기저기 널려 있다. 공부가 학습지와 문제집에만 있다고 생각하지 않는다면, 이삭들을 의외로 쉽게 발견할 수 있다.

스스로 꿈을 그리고
실천하는 아이

'헬리콥터 부모'라는 말이 있다. 헬리콥터 부모는 아이가 성인이 된 뒤에도 주변을 맴돌며 간섭한다. 대학생 자녀의 수강 신청을 챙기고, 모든 결정과 일정을 대신 관리한다. 그런 생활습관에 익숙해진 아이들은 성년이 되어서도 취직과 결혼 등 중요한 문제를 혼자 결정하지 못한다. 얼핏 부모의 조언을 구하는 듯 보이지만 실제로는 실패에 대한 부담을 지지 않으려 대신 결정해주기를 바라는 것이다.

자녀의 독립과 성장을 막는 헬리콥터 부모의 문제를 많이 지적하고 있지만, 사실 그 시작은 사랑이다. 무엇이든 주고 싶고 힘이 되고 싶은 마음에서 출발한 것이다. 그러나 인생에서 거저 얻어지는 것은 없다. 수많은 시행착오 속에서 스스로 문제를 해결해가야 자신의 것이 된다.

"넌 다른 데는 신경 쓰지 말고 공부만 하면 돼"라는 말이 과연 자녀를 진정으로 위하는 것일까. 고개를 저을 수밖에 없다. 부모가 미래에도 지금처럼 원기왕성하게 자녀의 문제를 대신 선택하고 결정하며 돌볼 수는 없기 때문이다. 부모가 세상에 없을 때, 자녀들은 진짜 사막을 만나게 된다. 아무런 도구도 없고 길도 모른 채 모래벌판을 맴돌게 되는 것이다.

하루가 다르게 세상은 변화하고 있다. 미래는 미지의 영역이다. 그것을 개척할 수 있는 힘은 무엇일까. 수많은 시행착오 속에 체득한 문제해결능력이 나침반이 될 것이고, 자신이 좋아하는 일을 할 때 솟아나는 열정이 쇄빙선이 되어줄 것이다. 그렇다면 부모가 할 일은 무엇일까. 아이가 좋아하는 일을 찾도록 돕는 것, 아이의 꿈이 어떻게 자라고 어떻게 열매 맺는지 지켜보며 응원하는 것이 아닐까.

꿈을 잃어버린 아이들의 미래

요즘 아이들에게 물어보면 꿈이 없다고 한다.

"지금 꿈꿀 시간이 어디 있어요. 일단 대학에 들어가서 생각해볼래요."

청소년들의 대답이다. 한창 꿈을 꾸어야 할 나이인데, 꿈을 펼쳐나갈 나이가 되어서야 꿈이 무엇인지 생각해보겠다는 것이다.

진로 상담을 하는 선생님들의 이야기도 한결같다.

"청소년들의 진로 고민은 항상 비슷하다. 뭘 해야 할지 모르겠다는 것이다."

왜 이런 결과가 생겼을까. 우리 교육의 순서가 바뀌었기 때문이다. 무조건 성적과 등수만 생각하다가 원하는 대학이 어렵겠다 싶으면 그제야 진

헬싱키 시내 공원에서 한 광대가 아이들을 상대로 재미난 놀이를 하고 있다. 날씨가 좋은 날이면 아이들이 집 안에서 지내기보다 실외에서 뛰어놀 수 있도록 공원에서 크고 작은 행사가 종종 열린다.

로를 찾으려고 한다.

청소년이 되었는데도 하고 싶은 게 없다고 하면 부모들은 한심해한다. 하지만 사실 그 아이가 어떻게 꿈을 가질 수 있었겠는가. 학교 밖의 세계를 경험해본 것이 없는데 말이다. 그래서 상대적으로 시간이 많은 초등학교 시절에 두루 경험하는 것이 좋다. 특히 초등 시기의 다양한 경험은 시야를 넓히고 호기심을 자극할 수 있다. 또한 꿈을 갖게 하고, 공부에 대한 열정이 생기도록 돕는다. 진로를 정하는 데도 큰 힘이 된다.

피아노나 바이올린 등 악기 배우기, 태권도나 축구 등 운동하기, 박물관과 과학관 견학하기, 산책이나 등산을 통해 자연과 호흡하기, 식물과 곤충 등 생물 체험하기 등 아이가 보고 듣고 배울 세계는 무궁무진하다.

우리 부모들은 아이들에게 다른 건 신경 쓰지 말고 공부만 하라면서 경험의 폭을 좁히거나 아예 차단한다. 가령 아이가 곤충을 좋아해서 가지고 놀려고 하면, 대부분의 부모는 그것을 막는다. 대학 입시에 필요한 국영수를 공부해야지 곤충만 가지고 놀아서야 되겠냐는 것이다. 그러면 그 아이는 무언가에 열정을 쏟아본 경험을 빼앗기고 만다. 뭔가에 관심을 갖고 열심히 해본 아이는 열정이 있다. 그런데 아무것도 열심히 해본 적이 없는 아이는 새로운 도전에 두려움이 많고 무기력해서 진취적으로 무언가를 해보려 시도하지 않는다.

요즘 아이들에게 꿈을 물어보면 많은 아이들이 "부자가 돼서 편하게 살고 싶어요"라고 답한다. 그러나 부자가 되고 싶어 하는 욕심만 있을 뿐 부자가 되기 위해 무언가 하려는 열정은 찾아보기가 어렵다. 열정을 쏟아본 경험도 없이, 그 경험을 자연스럽게 꿈으로 연결시킬 기회도 갖지 못한 채, 자신의 잠재력이 얼마나 큰지도 확인하려 하지 않고, 편하게 살고 싶은 욕심만을 키워가고 있기 때문이다.

아이의 관심사에 주목하라

"우리는 언제나 무엇인가 좋아하는 것을 찾아서 그것에 몰두하게 된다. 만일 아이들이 싸우거나 소란스럽게 군다면 그것은 지루하기 때문이고, 아이가 숙제 때문에 불안해한다면 그것은 과중한 도전에 억눌려 있기 때문이다. 하지만 그들이 무엇인가 관심을 갖는 것이 있다면 최선을 다할 것이고, 그러면 그 일에 몰두할 때의 기쁨도 알게 될 것이다."

하버드대학교 하워드 가드너 교수의 말이다.

누구나 관심 있는 분야에는 특별한 열정을 갖는다. 그리고 열정은 몰입하는 즐거움을 불러온다. 관심과 기억에 관해 주목할 만한 실험이 있다.

1. 독서능력이 뛰어날 뿐만 아니라 야구에도 관심 있는 그룹
2. 독서능력은 떨어지지만 야구에는 관심 있는 그룹
3. 독서능력이 뛰어나지만 야구에는 관심 없는 그룹
4. 독서능력도 떨어지고 야구에도 관심 없는 그룹

실험 대상자를 이와 같이 네 그룹으로 나누어 야구와 관련한 책을 읽게 한 후 이들의 기억 정도를 조사했다. 그 결과 두 번째 그룹의 기억 분량이 세 번째 그룹의 기억 분량과 거의 비슷한 수준인 것으로 나타났다. 관심이 있으면 학습 잠재력이 발휘된다는 사실을 확인할 수 있었다.

평소 관심 있는 것을 자기 것으로 만들려는 공부와 단지 시험을 준비하기 위한 공부는 질적으로 큰 차이가 있다. 관심을 갖고 알아가는 공부는 궁금한 것을 놓치지 않으며, 한 번 공부한 내용을 정확하게 기억하려고 노력한다. 또한 공부한 내용을 활용하면서 더 발전시키려고 스스로 고민한다. 그러면 그 내용들은 쉽게 뇌에 저장되고 장기간 기억된다.

반면 시험만 의식한 공부는 궁금한 것이 있어도 시험에 나오지 않는다고 생각하면 그냥 넘어가고, 한 번 공부했으니까 됐다고 생각한다. 또 시험이 아니면 공부한 내용을 절대 다시 보지 않는다. 그래서 시험만 의식한 공부는 시험이 끝나면 대부분 사라져버린다.

아이의 관심사를 찾아서 지적 욕구를 충족시키면 그것이 공부의 기폭제가 될 수 있다. 아이가 호기심을 갖고 관심 있어 하는 분야를 통로 삼아 관심의 강도를 키우고, 관심 범위를 넓히는 것이다. 가령 레고는 무척 좋아하는데 영어에는 약간의 거부감을 갖고 있는 아이가 있다. 그 아이가

새로 나온 레고를 보더니 간절한 눈빛으로 "갖고 싶어요."라고 말했다.

"레고가 그렇게 좋아? 커서 레고회사에 취직해야겠네."

엄마의 말에 아이는 대뜸 이렇게 물었다.

"그 회사에 들어가려면 영어를 잘해야 되죠?"

레고회사가 덴마크에 있다는 걸 알기 때문이다.

"응. 그럼 영어 공부 해볼래?"

"좋아요. 당장 할래."

"그럼 어떻게 공부하는 게 좋을까?"

"재미있게."

아이의 말에 순간 웃음이 나왔지만, 그것이 아이의 단순하고도 솔직한 마음이었다. 아이는 영어가 싫었던 것이 아니라 영어에 접근하는 방식이 재미없어서 거부감을 나타냈던 것이고, 굳이 영어를 배워야 할 이유를 발견하지 못해서 하고 싶어 하지 않았을 뿐이다. 아이는 엄마가 제의한 방법들 중 CD를 틀어놓고 공부하는 방법을 스스로 선택하여 열심히 공부하기 시작했다.

아이들은 자신이 좋아하는 영역에서 필요한 공부라면 스스로 배우려 한다. 관심을 가지고 시작하는 공부는 집중력을 낳는다. 관심 있는 분야를 중심으로 지적 만족감을 강하게 느끼게 되면 배우는 범위가 점점 넓어지고 강해진다.

시험을 보기 위해서가 아니라 관심과 흥미를 가진 다음 공부하면 두뇌는 민감하게 반응한다. 긴장하지 않은 상태에서 즐거운 자극을 받기 때문이다. 그러나 시험에 대해 지나치게 강조하면 두뇌는 부담을 느낀다. 핀란드 정부가 공부에 대한 태도가 형성되는 초등, 중등 시기에 부담감을 느낄 수 있는 시험을 금지시키는 이유도 바로 여기에 있다. 배우는 즐거움을 느끼기 전에 부담감부터 느끼면 공부를 제대로 할 수 없다는 것을 알기 때문이다.

따라서 부모는 아이가 관심을 가질 수 있는 다양한 자료와 매체를 이용해 공부에 흥미를 가질 수 있도록 도와줘야 한다. 이때 중요한 것은 무조건 아이가 좋아하고 관심 있어 하는 영역에서 시작해야 한다는 점이다. 특히 초등학교 저학년은 호기심이 강한 시기이므로 반드시 관심 분야를 존중하고, 깊이 있게 파고들 수 있도록 격려하고 지원해야 한다.

진로 적성 이해의 중요성

미국의 한 연구 기관에서, 아이비리그를 졸업한 졸업생 1,500명을 대상으로 20년 후 그들이 어떻게 살고 있는지 추적해보았다. 그중 101명이 백만장자가 되었는데, 이들이 백만장자가 된 데는 아주 중요한 원인이 있었다. 101명 중 100명(99.2%)은 좋아하는 일을 직업으로 선택했고 돈을 목적으로 직업을 선택한 경우는 단 1명(0.08%)뿐이었다는 것이다.

누구나 좋아하는 일을 할 때는 열정이 생기고 의욕적으로 일하게 된다. 열심히 일하다 보면 능력을 인정받아 그 분야의 전문가가 되고, 돈도 자연스럽게 따라오게 된다. 반대로 돈만을 목적으로 하면 일에 대해 큰 관심이 생기기 어렵다. 그러다 보니 진취적으로 일할 리 없고, 그저 평가받고 보상받는 것만 의식하며 직장생활을 하게 된다.

좋아하는 일을 찾으려면 어릴 때부터 자신의 꿈이 무엇인지 생각하고 경험해보는 것이 도움이 된다. 특히 직업 체험은 진로 선택에 소중한 자산이 된다.

핀란드는 직업에 귀천이 없어서 좋은 직장, 나쁜 직장 같은 편견이 없다. 초등학교에서는 아이들이 부모들의 일터를 방문해 체험학습을 하고, 중학교 3학년이 되면 자신이 원하는 미래의 직장을 찾아가 몇 주간 일하는 실무 경험도 쌓게 한다. 이런 직접적인 경험들을 바탕으로 아이들은 자신의 미래를 스스로 설계한다. 고등학교 진학 때 인문계와 직업학교를 선택하거나 대학 전공을 결정할 때 자신의 적성과 흥미를 최대한 반영하는 것이다.

아일랜드에는 특별학년이라는 것이 있다. 우리나라로 치면 중학교를 마치고 1년 동안 시험도 없고 공부에 대한 부담도 없이 놀면서 보내는 시기다. 고등학교에 올라가면 치열하게 공부해야 하니 특별학년을 두어 자신의 관심과 흥미를 살펴보고 직업 경험을 하게 하는 것이다. 세 가지를 일주일씩 체험하는데, 단순히 구경만 하는 게 아니라 실제로 가서 일을 하고 보고서도 쓴다. 평소 하고 싶었던 일이나 새로운 일을 해보면서 자신의 적성에 맞는지 체험해보는 것이다.

우리나라 부모들 같으면 상상도 할 수 없는 일일 것이다. '하루 한 시가 아까운데 1년을 쉬다니, 팔자 좋은 소리지' 싶을 것이다. 그러나 아일랜드에서는 특별학년 제도를 처음 시작할 때 세 학교가 참가했던 것이 지금은 80퍼센트가 참여하고 있다. 이처럼 큰 호응을 얻을 수 있었던 비결은 특별학년을 경험한 아이들의 변화가 두드러졌기 때문이었다.

특별학년을 경험한 아이들은 정신적으로 더 성숙해지고 공부에도 열의를 보였다. 2년 후 졸업시험에서 다른 학생보다 평균 26점이나 높은 성적을 받았다. 뚜렷한 목표 의식이 성적으로 이어진 결과다.

그렇다면 우리 아이들은 어떤 꿈을 꾸고, 그 꿈을 이루기 위해 얼마나 노력하는가. "하고 싶은 것이 있었는데 부모님이 공부를 하라고 해서 그만두었어요"라는 목소리가 훨씬 많다. 특히 아이의 개성을 존중하기보다 위신을 앞세우는 부모일 경우, 기대치를 충족시키기 위해 아이에게 압력을 주는 경우가 많다. 아이가 부모의 기대에 순응하지 않으면 크게 실망하거나 정서적으로 압박하기까지 한다. 사회적으로 선망받는 직업을 갖고 있는 부모는 자녀가 대를 이어 직업의 명예를 지켜주기를 바란다. 하지만 자녀가 아주 순종적인 경우를 제외하고는 안타깝게도 부모의 바람과 기대를 충족시키기가 어렵다.

부모의 반대에 부딪혀 열정과 의욕이 꺾이고, 하고 싶은 일을 열심히 해보지 못한 아이는 공부에도 열중하지 못한다. 하고 싶은 일에 미련이 남아 욕구 불만의 상태가 되고 공부에도 시큰둥해지는 것이다.

《내 아이 공부를 살리는 아빠 마음습관》의 공동 저자 한난숙 선생님은 두 아이의 어머니다.

"첫째가 아기였을 때의 일이에요. 어느 날 새벽 어슴푸레한 빛 속에서 아이가 책들을 꺼내서 보고 있었어요. 그 모습이 참 놀랍기도 하고 가슴에 남더라고요."

새벽에 혼자 책을 펼쳐보던 아기는 커서도 책을 좋아했고 외국어고등학교에 들어갔다.

그런데 둘째 아이는 책이 여기저기 널려 있어도 첫째만큼 눈여겨보지 않았다. 그래서 '아이들은 저마다 참 다르구나'라고 생각했는데, 둘째가 초등학교 4학년이 되어서 요리사가 되고 싶다고 했단다. 보통 어머니라면 어땠을까. 첫째를 외고에 보냈으니 둘째도 그 정도의 성과를 거두고 싶은 욕심이 있지 않을까. 그래서 "형은 저렇게 공부를 잘하는데 넌 왜 그 모양이니?"라고 야단치지 않을까.

한난숙 선생님은 둘째에게 요리학원 수강증을 끊어주고, 자신도 함께 다니기로 했다. 아이가 아직 어려서 혼자 도구를 다루기는 어려우니까 함께 다니면서 배워보겠다는 것이다. 그 이유는 간단했다. "아이가 하고 싶어 하니까 하게 해줘야죠."

물론 이 아이가 훗날 요리사의 꿈을 이룰 수도 있고, 꿈을 바꿀 수도 있다. 그러나 직접 학원에 다니며 요리를 해보면 자신의 꿈을 더 많이 이해하게 될 것이다. 또한 원하는 대로 해보면서 욕구가 충족되어 정서적으로도 긍정적인 힘을 얻게 될 것이다. 무엇보다 어머니가 자신이 원하는 삶을 존중해준다는 자존감이 인생을 살아갈 큰 힘이 되어주지 않을까.

직업세계에 직접 참여해보는 경험은 아이들이 꿈을 갖는 데 큰 도움이 된다. 이 세상에는 수많은 직업이 있다. 그러나 그것을 구경해보는 기회조차 없이 막연하게 목표로 삼는 경우가 많다. '남들 보기에 좋은 것 같아서' '폼 잡기 좋아서'와 같은 이유로 말이다.

무언가를 경험해본 사람과 해보지 않은 사람은 실천하는 힘이 다르다. 경험은 강한 자극이 되어서 마음과 행동을 변화시키기 때문이다. 가령 직접 기아체험을 해본 아이들은 자신의 환경에 감사하고, 가난한 나라의 아이들을 돕고 싶은 마음이 뜨거워진다. 그 체험을 통해 유니세프에서 일하고 싶은 꿈이 생겼다는 아이도 있다.

청소년 진로지도 사이트(www.work.go.kr/youth)를 참고해도 좋다. 초등학생을 위한 코너도 있는데, '흥미로운 직업세계' 등에서 정보를 얻고 상담도 가능하다. 우리도 직업 체험의 중요성에 대해 인식하기 시작했다. 직업 체험 테마파크도 생겼고, 직업 체험관도 건립 중이다.

꿈을 키우는 공부 기초 체력 3가지

아이의 폭넓은 경험과 성장을 위해 부모는 어떻게 해야 할까. 아이가 하고 싶은 것, 관심 있어 하는 것을 하게 하되 다음 세 가지만 놓지 않도록 격려하면 된다.

- 책 읽기(아이가 관심 있고, 읽고 싶어 하는 책)
- 연산능력(사칙연산)
- 영어 듣기

이 세 가지는 공부에 반드시 필요한 기초 체력이다. 이것을 유지하지 못하면 나중에 공부가 하고 싶어졌을 때 문제가 생길 수 있다. 이 세 가지를 계속하면서 관심 분야에 열정을 쏟다 보면 성적이 좋은 아이들보다 더 실력을 발휘하게 되는 공부 역전의 기회가 온다. 요즘 이러한 역전이 잘 일어나지 않는 것은 아이들이 공부에 대해 부정적인 이미지를 가진 탓에

어머니가 딸에게 책을 읽어주며 아이가 책과 친해지도록 이끈다(왼쪽). 또한 핀란드에는 대형 쇼핑몰 내에 어린이도서관이 자리 잡고 있다(오른쪽). 아이들이 도서관을 쉽고 편하게 이용하며 자연스럽게 독서습관을 기를 수 있다.

공부에 몰입하기가 어렵고, 뭔가에 열중했던 기억, 즉 몰입할 수 있는 에너지를 지니지 못했기 때문이다.

두뇌는 신경세포가 연결된 회로로 구성되어 있다. 회로의 굵기를 뇌력이라고도 한다. 몸의 근육과 비슷하다고 생각하면 쉽다. 운동을 통해 자극을 주면 근육이 발달하듯이 두뇌 또한 자극을 주면 회로의 연결 상태가 튼튼해진다. 두뇌 근육이 발달하는 것이다. 근육이 발달하지 않은 상태에서 운동을 하면 금방 지쳐 쉽게 포기하게 되듯이, 공부도 뇌력이 잘 발달한 상태에서 하면 쉽지만 뇌력이 약한 상태라면 힘들 수밖에 없다.

공부 힘을 키우는 뇌력은 크게 세 가지다. 독서를 통한 글자 정보 처리 뇌력, 연산과 절차적 사고를 통한 수학 정보 처리 뇌력, 듣기를 통한 영어 정보 처리 뇌력이다.

책 읽기

학습능력의 기본은 바로 읽기 능력이다. 매일 독서를 꾸준히 하면 읽기 능력이 향상되는데, 책 읽기의 힘은 단순히 국어 실력에 멈추지 않는다. 수학에서 문장제 문제를 이해하는 데도, 영어 독해를 하는 데도 문장의 이해력, 어휘력이 필요하다.

읽기 능력이 뛰어난 아이는 풍부한 독서 경험으로 글을 요약하고, 종합하고, 판단할 수 있다. 따라서 학습 활동에도 의욕을 갖고 참여한다. 하지만 읽기 능력이 낮은 아이는 이해력과 집중력이 떨어져 학습 활동에 어려움을 겪는다.

독서습관을 기르기 위해서는 우선 필독서와 권장도서에 대한 유혹에서 벗어나야 한다. 학습에 도움이 되는 책보다 아이가 원하는 책을, 선생님이나 부모가 골라주기보다 스스로 고르도록 해야 한다. 전집류보다 아이가 한 권씩 골라 읽게 해서 자신이 읽은 책이 책장에 차곡차곡 쌓여가는 즐거움을 느끼도록 해주는 것이 좋다.

초등 1~2학년 : 무조건 재미있는 책 읽기

초등학교에 들어가기 전까지 독서가 어느 정도 습관이 되었다고 해도 일단 학교에 다니기 시작하면 시간적 여유가 없어서 책을 멀리하게 될 가능성이 높다. 따라서 아이가 좋아하는 분야의 책을 곁에 두고 읽고 싶은 마음이 들도록 해주는 것이 좋다. 특히 이 시기는 책에 대해 흥미와 관심을 갖는 것이 가장 중요하므로 따로 독서 지도를 하기보다 아이가 원하는 책을 보게 한다.

아이가 책 읽는 즐거움을 경험하도록 하기 위해 작은 이벤트를 준비하는 것도 좋은 방법이다. 가령 '방학 동안 30권 읽기'를 목표로 세웠다면, 중간중간 작은 선물을 준비하고 그 내용을 쪽지에 써서 보물찾기를 하는 것이다. 그러면 아이는 자신이 고른 책을 재미있게 읽고 게임도 하는 즐거움을 누릴 수 있다. 평상시에는 일정 기간을 정해 'ㅇㅇ권 읽고 독서록 쓰기'를 목표로 정해도 된다. 독서록을 쓸 때마다 스티커를 붙이고 목표에 이르면 작은 이벤트를 벌이는 것도 책 읽는 재미를 높일 수 있다.

초등 3~4학년 : 교과 내용과 연관한 책 읽기

본격적으로 학과 공부를 시작하는 시기다. 우수한 학습능력을 발휘하는 학생들의 공통점은 평소 궁금했던 것을 책을 통해 해결한 경험이 많다는 사실이다.

교과 공부를 하면서 아이가 특정 주제에 남다른 관심을 보이면 그 기회를 놓쳐서는 안 된다. 관심사와 관련 있는 주제를 다룬 책이나 자료를 구해주어 호기심과 관심을 발전시켜나가도록 돕는 것이 매우 중요하다.

교사용 지도서를 보면 교과 과정에서 다뤄지는 주제와 자료들을 확인할 수 있다. 교과 주제 연계 도서 목록을 구해서 활용하는 것도 좋은 방법이다.

초등 5~6학년 : 부담 없는 독후 활동 하기 (소감, 요약, 토론, 글쓰기 등)

책을 읽고 간단한 소감부터 구체적인 비평까지, 독후 활동을 하는 것이 매우 효과적이다.

그러나 어려서부터 가정에서 독후 활동이 자연스럽게 이루어져왔다면 문제가 없지만 독서습관이 안정되지 않은 상태에서 독후 활동을 무리하게 요구하면 아이가 책에 대해 거부감을 가질 수 있다. 책을 건성건성 읽는 것도 문제지만 가장 심각한 문제는 교재 외에는 책을 보지 않는 학생이 급격히 늘고 있다는 점이다.

다양한 독후 활동 중에서 가장 부담을 덜 느끼면서 편하게 할 수 있는 방식을 찾는 것이 중요하다. 흔히 독후 활동은 부모가 주도하기 십상인데 역효과가 크다. 아이가 자신에게 맞는 방식을 찾아가도록 한다.

사칙연산과 절차적 사고

사칙연산을 매일 거르지 않고 오랫동안 하면 두뇌에 힘이 생긴다. 일정 기간이 지나면 지루한 반복으로 인식해 거부하기도 하는데, 이럴 경우에는 속도와 정확도를 측정하여 기록한 다음 기록 향상을 위해 노력하게 하면 잘 따라한다.

암산은 되도록 피하고 절차적 사고를 익혀야 한다. 아무리 쉬운 문제라도 모든 문제 풀이를 노트에 적어가면서 단계별로 과정 하나하나를 정확하게 밟아나가도록 하는 것이 중요하다. 매일 꾸준히 다섯 문제 이상, 풀이 과정을 기록하면서 풀도록 한다.

사칙연산은 운동으로 치면 달리기와 비슷하다. 달리기는 모든 운동의 기본이 되고, 동시에 체력을 길러주는 효과가 있다. 사칙연산도 꾸준히 하면 두뇌의 힘이 강해진다.

초등학교 시절에는 잘 나타나지 않지만 연산능력이 떨어지면 수학 공부에 쉽게 지친다. 또한 문제 풀이 시간이 지연되는 것은 물론이고 새로운 개념과 원리를 배우는 데도 어려움을 겪는다.

사칙연산을 지겨워하는 아이는 기본 유형의 문제를 많이 풀어보는 것도 좋다. 아이들은 문제를 풀 수 있으면 더 이상 하지 않아도 된다고 흔히 생각하는데 결코 그렇지 않다. 얼마나 능숙하게 할 수 있느냐, 즉 수학의 기초 체력을 얼마나 탄탄하게 다지느냐에 따라 실력이 크게 좌우되기 때문이다.

영어 듣기

영어는 조기가 아니라 적기 교육을 해야 한다. 두뇌의 발달과 준비 정도에 맞게 자극을 줘야 부작용 없이 뇌력을 키울 수 있다. 모국어 활용 능력이 제대로 발달하지 못한 상태에서 무리하게 시도하면 두뇌 회로에 이상이 생겨 심각한 부작용이 나타날 수 있다.

비영어권 국가 중 가장 영어를 잘하는 핀란드에서는 모국어 활용 능력부터 철저하게 다지는 것이 외국어 공부를 위해 반드시 필요하다고 판단한다. 그래서 초등학교 3학년 정도부터 영어를 가르친다. 아이의 영어 익히기 지도에 필요한 지침은 '영어 몰입교육의 원조 핀란드 따라잡기'에 자세히 정리했다.

TIP 부모가 생각하는 '공부' 체크 리스트

아이들은 부모를 보고 배우면서 자란다. 공부에 대한 생각도 은연중에 물려받기 때문에, 부모가 공부에 대해 어떻게 생각하는지는 매우 중요하다. 항목별로 체크한 다음, 현재 상태를 진단하고 어떻게 개선해나갈지 알아보자.

번호	질문	체크	
1	공부를 잘하려면 효과적인 방법도 필요하지만 우선은 열심히 해야 한다.	그렇다 ☐	그렇지 않다 ☐
2	사교육은 효과 못지않게 역효과나 부작용도 있다.	그렇다 ☐	그렇지 않다 ☐
3	한번 성적이 떨어지면 좀처럼 따라잡기가 어렵다.	그렇다 ☐	그렇지 않다 ☐
4	선생님의 실력보다는 학생의 노력이 중요하다.	그렇다 ☐	그렇지 않다 ☐
5	진도를 여러 번 반복하면 공부한 효과가 나타난다.	그렇다 ☐	그렇지 않다 ☐
6	선행학습보다 학교 진도를 철저히 공부하는 것이 효과적이다.	그렇다 ☐	그렇지 않다 ☐
7	시험을 잘 보는 것도 중요하지만 제대로 배우고 익혀야 실력을 쌓을 수 있다.	그렇다 ☐	그렇지 않다 ☐

8	자발적인 의욕도 중요하지만 학생은 의무적으로 공부를 해야 한다.	그렇다 ☐	그렇지 않다 ☐
9	공부를 잘하려면 경쟁심보다 재미를 느끼는 것이 중요하다.	그렇다 ☐	그렇지 않다 ☐
10	감시 감독을 철저히 하고 부담감을 주면 공부를 열심히 한다.	그렇다 ☐	그렇지 않다 ☐
11	시험에 대한 압박보다 개인의 관심을 잘 살려주는 것이 중요하다.	그렇다 ☐	그렇지 않다 ☐
12	잘 이해되지 않을 때 정확하게 이해하려고 노력하기보다 일단 암기하는 것이 중요하다.	그렇다 ☐	그렇지 않다 ☐

■ 결과 보기

질문 번호에 따라 어떤 항목에 체크했는지 확인하여 아래에 해당되는 체크 개수를 셈한 다음 둘을 합산한다.

질문 번호 2, 4, 6, 7, 9, 11	'그렇다'에 체크한 개수	( )개
질문 번호 1, 3, 5, 8, 10, 12	'그렇지 않다'에 체크한 개수	( )개

총 ( )개

■ 평가 및 해설

합산한 수	현재 상태
3개 이하	공부에 대해 잘못 생각하고 있다. 지금 가지고 있는 생각들을 강요할 경우 아이는 공부를 힘들어할 수밖에 없다.
4~7개	공부에 대한 생각에 부족한 점이 있다. 자신의 문제점이 무엇인지 정확하게 모르는 상태일 수 있다.
8~10개	공부에서 무엇이 중요한지 어느 정도 알고 있다. 하지만 몇 가지 아쉬운 부분이 있다.
11개 이상	공부에 대한 생각이 매우 훌륭하다. 아이의 공부 궤도가 순탄할 가능성이 크다. 앞으로도 그 생각을 굳게 유지하면 된다.

1. 무조건 '열심히'만을 강조하면 아이가 공부에 대해 거부감을 강하게 느낄 수 있다. 효과적인 방법으로 아이가 큰 부담을 느끼지 않고 공부할 수 있도록 도와줘야 열심히 할 수 있다.

2. 사교육은 평소 공부하지 않는 학생의 시험 성적을 어느 정도 올려주는 단기간의 효과는 분명 있다. 하지만 옆에서 도와주지 않으면 스스로 공부할 수 없도록 만드는 부작용이나 역효과 또한 만만치 않다.

3. 단기간에 성적을 올리려고 하면 성적 부진의 원인이 무엇이고 어떻게 해야 근본적인 문제를 해결할 수 있는지, 가장 중요한 부분을 못 보게 된다. 공부는 장기 레이스임을 명심하자.

4. 아무리 훌륭한 선생님의 명 강의라도 학생이 관심을 가지고 노력하지 않으면 아무런 효과를 기대할 수 없다.

5. 아무리 진도를 여러 번 반복해도 기억하는 게 없으면 효과가 없다. 진도에 포함된 내용을 적극적으로 기억하기 위해 노력해야 한다.

6. 선행학습은 진도를 앞서 나가는 것에 불과하다. 실제 실력은 그것을 얼마나 제대로 소화하느냐에 달려 있다. 선행학습을 하느라 지금 나가는 진도에 대한 공부를 소홀히 하게 되면 두 마리 토끼를 모두 놓치는 결과가 된다.

7. 새롭게 배우는 내용을 정확하게 이해하고 습득해야 하는데, 시험에만 집착하면 평소의 공부를 게을리하거나 문제 풀이에만 매달리게 되는 경향을 낳는다.

8. 스스로 하겠다는 의욕이 없는 상태에서는 지속적으로 공부하기가 매우 어렵다. 자발적인 의욕이 기본이 되어야 한다. 그것은 의무를 강조할 때가 아니라 본인의 판단과 선택을 존중할 때 나타난다.

9. 경쟁심은 책상에 앉아 있게 하는 효과는 있다. 하지만 공부하는 과정에서 만족감을 느낄 수 없도록 만드는 요인이 된다. 무엇보다 경쟁에 대한 부담은 집중력을 크게 떨어뜨린다.

10. 철저히 감시하고 감독하면 놀지 못하게 할 수는 있지만, 자신이 하는 공부에 관심을 가지고 집중하게 할 수가 없다. 결국 공부하는 흉내만 내게 할 뿐, 학습 효과까지 기대할 수는 없다.

11. 공부하는 내용에 관심을 가질 때 집중력과 기억력이 크게 상승한다. 그러다 보면 자연히 시험도 잘 보게 된다. 반면 당장의 시험에만 급급할 경우 도리어 불안감만 커져 공부에 집중하기가 어렵다.

12. 제대로 이해하기 위해서는 시간과 노력이 필요하다. 일단 외우면 당장은 기억하겠지만 단순히 암기한 정보는 금방 기억에서 지워진다.

학교에서
공부 보물 찾기

많은 부모가 자녀의 학습 지도를 어려워한다. 가장 합리적이고 체계적인 교육 과정인 학교 진도를 무시하고 사교육에 의존하기 때문이다. 엄마가 주도하는 사교육 의존형 교육 과정은 기준도 모호하고 사례도 다양해서 늘 헷갈릴 수밖에 없다. 그러다 보니 일관성도 없고, 다른 사람들의 말에 흔들려 갈팡질팡하기 쉽다.

또 하나의 문제는 아이들이 하루의 대부분을 학교에서 보내는데, 그 중요한 시간을 헛되이 흘려버린다는 점이다. 많은 아이가 선행학습을 하는데, 부모는 아이가 선행학습을 통해 두 번 공부한다고 생각한다. 하지만 선행학습을 한 아이들은 수업 내용을 다 안다고 착각해서 학교 수업을 건성으로 듣는다. 그리고 학원에 가서 또 배울 거라고 생각해서 대충 흘려보내고 수업시간에 집중하지 않는다. 이 때문에 교과서를 여러 번 봤어도 정작 머리에 남지 않는 것이다. 책상에 앉아 공부하는 시간은 많은데 공부 효율이 떨어지는 이유다.

그렇다면 무엇을 공부의 중심으로 삼아야 할까. 바로 학교 교과서다. 먼저 아이가 학교에서 배우는 교과 내용에 호기심과 흥미를 가질 수 있도록 도와주어야 한다.

가령 아이가 학교에 가기 싫어할 때가 있다.

"내일은 토요일인데 왜 학교에 가야 해? 엄마 아빠는 쉬는데 나만 학교에 가다니 불공평해."

그때 엄마가 시간표를 보면서 말했다.

"어, 내일 〈즐거운 생활〉 시간에 '다섯 고개'를 배우네. 스무고개랑 비슷한 건가? 재밌겠다. 내일 배우고 와서 어떻게 하는지 엄마한테 가르쳐줘."

"그거 오늘도 했는데. 나랑 다섯 고개 할래요?"

아이는 〈즐거운 생활〉 책까지 들고 와서 펼쳤다.

"동물성인가요?"

엄마의 물음에 아이는 신나는 얼굴로 "아니오" 했다.

아이는 엄마가 감을 못 잡는 것이 즐거운지 연신 싱글벙글했다.

다섯 고개가 게임처럼 재미있었는지 아이는 몇 번이나 문제를 내고 맞히더니 즐거운 얼굴로 가방을 챙겼다. 교과서가 즐거운 놀이 도구로 새롭게 바뀐 것이다.

요즘 교과서에는 부모 세대 때와 달리 학습 흥미를 유발할 수 있는 소재들이 많다. 또한 교사용 지도서에는 아이들이 쉽게 이해하고 재미를 느낄 수 있는 지침들을 마련하고 있다. 따라서 교과서와 교사용 지도서를 잘 활용하면 아이가 공부에 흥미를 가질 수 있도록 도울 수 있다.

존중하고 기다려주는 만큼 강해지는 공부의 힘

핀란드 부모들은 공부에서 개인 차이를 철저하게 존중하여, 아이의 수준에 맞게 준비하고 가르친다. 획일적으로 진도를 나가기보다 수준에 맞는 맞춤형 공부를 할 수 있도록 배려한다. 나아가 교과 과정보다 아이의 관심사에 주목하고 감정 상태까지 고려하여 지도한다. 말 그대로 아이가 하고 싶은 공부를 하도록 최대한 배려하는 것이다. 이런 환경에서 아이들은 배우는 즐거움을 경험한다.

우리 아이들은 어떤가. 일방적인 수업 방식에 맞춰 수동적으로 공부하기 때문에 '공부'라는 말만 들어도 힘겨워한다. 누구나 저 좋아서 스스로 할 때 진정한 즐거움을 느낀다. 명령과 강요에 끌려가면서 행복해할 리 없는 것이다.

아이가 공부를 싫어한다면, 아이를 탓하기 전에 열심히 하지 않는 원인에 주목하자. 원인을 파악하고 최대한 공부에 대한 거부감을 줄인 상태에서 공부할 수 있도록 지도해야 한다.

공교육 시스템을 하루 아침에 바꿀 수 없는 현실에서 아이들의 호기심을 살리고 공부 의욕을 보호하려면 어떻게 해야 할까?

1. 모든 과목을 잘 하라고 하지 말고 관심 있는 과목부터 공부하게 한다. 교과 과정의 내용을 모두 공부하라고 부담을 주기보다 우선은 궁금하

고 호기심이 생기는 부분부터 선택적으로 공부하는 것이다.
2. 문제의 난이도를 점진적으로 높인다. 쉬운 문제부터 풀기 시작하여 원리를 이해하면 어려운 문제에도 도전하려는 의지가 생긴다.

획일적인 기준을 무조건 따르는 것이 아니라 아이가 자신의 관심과 준비 정도에 맞춰 교과 과정을 재구성하여 공부한다고 생각하면 된다. 이렇게 해서 공부의 힘이 생기면 과목과 영역을 확장해갈 수 있다. 정해진 진도를 순서대로 따라가는 공부는 사실 지겨울 수 있다. 이때 옆에서 부모가 빼놓지 말고 모두 하라고 부담을 주면 아이는 '공부=지겨운 것'이라는 공식을 세우고 만다. 하지만 교과 과정 안에서라도 스스로 판단하고 선택해서 공부하게 하면 아이는 그나마 자유를 느끼고 숨통이 트여 '공부=할 만한 것'이라고 생각하게 된다. 그러나 대부분의 부모는 무조건 공부 계획표대로 따를 것을 강요해 아이와 갈등을 빚는다.

"아이의 공부 계획은 대부분 부모인 내가 짜준다. 아이도 잘 따라주었는데, 초등학교 6학년이 끝나가는 무렵 자기주장을 세우면서부터 부딪치는 일이 잦아졌다. 지금도 공부 얘기만 꺼내면 아이는 눈빛이 달라지면서 방문을 닫고 들어가버린다."

이런 갈등 상황이라면 공부는커녕 부모가 아이를 대하는 방식에서부터 엉킨 실타래를 풀어야 한다. 그러나 부모가 공부에 대한 부담을 주지 않으면서 아이의 잠재력을 믿고 지지해준다면 아이는 공부를 다르게 받아들인다.

"글자를 못 깨우치고 학교에 들어간 둘째 아들은 이제 2학년이다. 오늘

핀란드 아이들은 연극을 배우면서 독해력, 표현력, 상상력 등을 기른다. 나아가 혼자가 아닌 여럿이 함께하는 연극을 통해 협력하고 배려하며 어울리는 문화를 배운다.

도 어김없이 나머지 수업을 신나게 하고는 마냥 들뜬 표정으로 집에 들어선다. 1학년 평가에서 국어 점수를 거의 빵점에 가깝게 받았다. 글씨 읽는 것이 서툴러서 지문을 읽지 않고 문제도 풀지 않은 채 거의 백지로 냈다고 한다. 담임선생님께서 걱정 어린 목소리로 전화를 하셔서 알게 되었다. 그 일로 학교에서는 부모가 원하는 아이에 한해서 보충수업을 해주고 있다. 나는 본인의 의사에 맡기고 싶어 아들과 의논을 했다. 아들은 그 후로 색다른 놀이인 양 나머지 수업에 푹 빠져 있다. 그 시간이 즐겁단다. 이제는 어느 정도 글을 읽고 글쓰기도 제법 한다."

남보다 뒤떨어지는 공부 진도를 나가면서도 즐겁게 배우는 아이의 힘은 어디서 왔을까. 바로 아이가 남보다 조금 늦게 간다고 해서 조급하게 닦달하지 않는 것, 부모가 아이의 의견을 묻고 존중해주며, 아이의 공부 과정을 한걸음 물러서서 지켜봐주는 여유에서 비롯되었다.

학교 수업 효율성과 집중력 높이는 습관

'시간'과 '진도'는 학생들이 공부하는 데 가장 기본적인 자원이다. 가장 쓸모 있게 활용해야 할 자원은 낭비하면서 부족한 부분을 사교육으로 채우려 든다면, 학교에서 학원으로 이어지는 긴 공부 시간에 아이들은 지칠 수밖에 없다. 따라서 학교에서 보내는 시간과 진도를 적극적으로 활용해야 알찬 공부 시간을 만들 수 있다.

복습 : 기억 만들기

진도를 나가면 반드시 복습으로 기억을 만들어가는 습관이 중요하다. 진도를 나갈 때 가장 중요한 목적은 기억 만들기다. 진도를 나갈 때 설명만 듣고 만다면 배운 내용은 금세 기억에서 사라진다. 따라서 수업을 들은 뒤에는 복습을 통해 배운 내용을 오래 기억에 남도록 해야 한다.

예습 : 질문 만들기

두뇌는 많은 정보를 처리하기 때문에 주의집중력이 매우 중요하다. 자신이 무엇을 왜 하는지 생각하지 않으면 다른 생각을 하게 된다. 수업시간에 집중하는 데 가장 좋은 방법은 수업시간에 해결해야 할 과제를 미리 준비하는 것이다.

- 다음 수업시간의 예상 진도를 가볍게 읽으면서 어려운 단어, 궁금한 부분에 밑줄을 친다.
- 새로운 소단원이 시작되면 반드시 학습목표를 읽어본 다음 본문을

　　　　읽는다.
- 밑줄 친 부분을 다시 보면서 궁금한 내용에 표시한다.
- 궁금한 내용 중에서 세 가지 정도를 골라 우선 말로 질문해본 다음 되도록 문장으로 만들어본다.

　연습을 통해 익숙해지면 40분이나 50분 분량의 진도를 살펴보면서 질문을 만드는 데 보통 5분이 넘지 않는다. 5분만 준비하면 수업의 집중력이 몇 배 이상 올라간다.

시험 부담 줄이는 공부습관

　중학생이 되면 초등학생 때와는 비교가 되지 않을 정도로 시험과 성적에 대한 압박이 강해진다. 시험과 성적 중심의 공부법으로는 결코 장기 레이스에서 버틸 수 없다. 공부 체력이 고갈되었기 때문이다. 따라서 초등 고학년 때 '시험 부담을 줄이는 공부습관'을 다져야 한다.

공부습관 1. 공부를 마치기 전에 정리하는 습관

　어떤 공부가 끝나고 다음으로 넘어가기 전에 스스로에게 질문을 던지고 답하는 습관이 필요하다. 현재 공부한 상태를 다음과 같은 기준으로 분류해보는 것이다.

- 정확하게 이해된 부분과 그렇지 못한 부분

- 쉽게 기억할 수 있는 부분과 그렇지 않은 부분
- 꼭 기억해야 할 부분과 그렇지 않은 부분

하루에 나간 진도를 놓고 세밀하게 따져보면서 정리해놓으면 시험 대비 공부가 한결 간편해진다. 시험 기간에는 마음이 급해지기 때문에 평소처럼 천천히 세부적인 내용까지 정확하게 공부하기 어렵다. 결국 가장 충실한 공부는 시험 때가 아니라 평소에 하는 것이다.

공부습관 2. 시험공부의 순서 바꾸기

대부분의 학생들이 시험공부를 할 때 먼저 교과서나 참고서의 내용을 공부한 다음 문제를 푼다. 당연한 방식이라고 생각하겠지만 문제가 적지 않다. 아무리 시험을 위해 필요하다지만 전에 공부한 내용을 다시 공부하면서 집중한다는 게 쉬운 일은 아니다. 아는 것 같기도 하고, 아닌 것 같기도 하다. 결국 집중하지 못하고 건성건성 넘어간 상태에서 문제 풀이로 들어갈 가능성이 매우 높다. 건성으로 공부해도 바로 직전에 공부한 내용이기 때문에 문제는 그럭저럭 풀린다. 그러면 시험 준비가 됐다고 판단하고 다음으로 넘어간다. 하지만 막상 실제 시험에서 문제를 풀어보면 틀리는 문제가 속출한다. 시험은 방금 전 공부한 내용을 푸는 것이 아니라 보통 하루 이상 시간이 지난 다음에 보기 때문에 기억이 잘 나지 않는다. 또한 전형적인 문제가 아니라 낯선 유형의 문제가 나올 수도 있다.

내용을 먼저 공부하고 문제를 푸는 습관에서 벗어나면 결과는 크게 달라진다.

- 자신이 가지고 있는 문제집의 문제를 모두 살펴보면서 어렵게 느껴지는(체감 난이도가 높은) 문제만을 골라낸다.
- 문제를 하나씩 풀어보면서(풀고 나서) 왜 어려운지, 그 이유를 확인하는 차원에서 해당 문제와 연관된 내용을 하나하나 정확하게 공부한다.
- 한 문제를 풀면서 공부하고 다음 문제로 넘어가는 식으로 시험공부를 하면 집중력과 기억력이 현저하게 좋아진다. 어려운 문제를 풀면서 자신이 무엇을 공부해야 하는지 확인한 다음에 시험공부를 하는 것이다.
- 어려운 문제를 먼저 풀고 나서 어려운 이유를 확인하고 해결한다.

이와 같이 시험공부를 한 다음 전체적으로 다시 정리를 하면 좀처럼 지루함을 느끼지 않으면서 시험공부를 할 수 있다. 이것은 여러 차례의 실험을 통해 강력한 효과가 검증된 방법이다.

공부 습관 3. 오답 노트 제대로 만들기

아무리 열심히 공부하고 기억했다 하더라도 내용이 정확하지 않으면 소용이 없다. 틀린 답을 고르거나 답을 찾지 못하게 되는 원인이 자신도 모르는 사이에 만들어진다. 따라서 정확한 이해와 기억 나아가 활용이 중요하다. 이때 무엇이 어떻게 정확도를 떨어뜨리는지 파악하고 해결하는 경우와 그렇지 못한 경우의 성적 차이는 매우 크다. 오답 노트를 제대로 만들어야 하는 이유다.

초등학생도 이제 오답 노트 만들기가 필수다. 그런데 문제는 대부분 별 도움이 되지 않는 오답 노트를 만든다는 데 있다. 대부분 틀린 이유를

핀란드 아이들의 공부 장소는 학교나 교실, 공부방에 한정되지 않는다. 날씨가 화창한 날, 호숫가에 나와 혹은 해먹에 누워 책을 읽거나 공부하는 아이들의 모습을 어렵지 않게 볼 수 있다.

찾기 위해 노력하기보다는 올바른 풀이를 보고 이해가 되면 넘어가는 식으로 만들기 때문이다. 이렇게 하면 틀린 이유를 찾지 못한 채 그냥 넘어가고 만다.

- 풀었는데 틀린 문제 : 자신의 풀이 과정을 먼저 적은 다음 올바른 풀이와 하나하나 비교하면서 틀린 이유를 정확하게 분석한다.
- 풀지 못한 문제 : 자신이 문제를 풀면서 생각했던 것을 다시 기억해본다. 충분한 시간을 두고 자신의 풀이 과정을 기억하는 것이 중요하다. 그런 다음 올바른 문제 풀이를 보면서 자신이 몰랐던 것, 잘못 알았던 것, 알고는 있었지만 적용하지 못한 것과 그 이유, 적용은 했지만 정확하지 않거나 숙달되지 않은 것 등을 하나하나 따져보면서 확인한다.

어려우면 왜 어렵게 느껴지는지, 틀렸으면 왜 틀렸는지, 그 이유를 치밀하게 분석하고 올바른 해결 방법을 찾아 공부의 정확도를 높여가야 한다.

초등학교 시절에 푸는 문제는 난이도가 높지 않기 때문에 대충 공부하는 습관이 생길 수 있다. 따라서 정확하게 짚고 넘어가는 것이 중요하다. 많은 문제보다 꼭 필요한 문제만 골라 정교한 오답노트를 만드는 습관이 잡히면 시험공부에 대한 부담은 현저하게 줄어들고, 공부에 대한 자신감은 크게 향상된다.

과목별 교사용 지도서 활용법

부모들은 흔히 교과서를 고리타분하게 생각한다. 그러나 요즘 교과서는 아이들이 재미와 의미를 찾을 수 있도록 훌륭하게 진화했다. 부모들이 교과 과정을 정확하게 이해하고 파악한 상태에서 부족한 부분을 채워주면 아이들이 학교 공부에 흥미를 갖는 데 큰 어려움이 없을 것이다.

학교 선생님에게 부탁하면 교사용 지도서를 구할 수 있다. 교사용 지도서를 활용하면 특별한 준비 없이도 아이가 부모와 함께 즐거운 공부 체험을 해볼 수 있다. 다음은 각 과목별 교사용 지도서의 예다. 실제로 교사용 지도서를 살펴보고 다양하게 활용해보자.

실생활에서 활용하는, 수학

수학 6-가의 내용 중에 '분수와 소수'가 있다. 이 단원도 다음과 같은 놀이를 통해 쉽게 다가길 수 있다.

▫ 놀이 제목 : 큰 수 찾기

▫ 놀이 자료 : 신문이나 잡지

▫ 놀이 방법

- 2명이 놀이를 한다.
- 한 친구가 신문이나 잡지에서 분수나 소수를 찾는다.
- 다른 친구는 친구가 찾은 분수나 소수보다 큰 분수나 소수를 찾는다.
- 이와 같은 활동을 돌아가면서 반복한다.
- 가장 큰 분수나 소수를 찾은 친구가 놀이에서 이긴다.

사과를 잘라보거나 피자를 나누면서도 분수가 무엇인지 배울 수 있다. 사과를 잘라가며 1/2, 2/4, 4/8, 8/16이 같다는 것과 분수의 약분과 통분 개념을 자연스레 알게 된다. 이처럼 단순히 수를 나열한 문제들을 풀 때보다 주위 사물을 이용한 공부법이 기억에 잘 남는다.

생각이 자라는, 국어

핀란드는 모국어를 소중히 여겨 말 한 마디, 한 마디의 배경이 되는 역사적 사실까지 가르친다. 단순히 어휘를 외우는 것이 아니라 의미를 이해할 때 흥미를 느끼고, 기억에 오래 남기 때문이다. 이것은 국어와 역사를 통합해서 배우는 효과까지 있다.

교사용 지도서를 전체적으로 살펴보면 자녀가 공부에 흥미를 가질 수 있도록 도와야 할 부분을 확인할 수 있다. 또한 수업시간에 공부한 내용에만 집중하느라 놓치기 쉬운 전체적인 흐름을 잡아주는 것도 중요하다.

'참고 자료'를 읽어보면 자녀에게 보충 설명을 해줘야 할 내용들을 쉽게 찾을 수 있다(교과서에 읽기 자료로 '윷놀이'가 나와 있는 경우, 교사용 지도서에는 윷놀이에 대한 보충 설명이 나온다). '이런 방법도 있지요' '더 해보기' 등도 필요성 여부를 판단하여 활용하면 많은 도움이 된다.

다음은 초등학교 4학년 국어 과목의 교사용 지도서에 실려 있는 내용이다.

보충 심화 활동의 예

다음 주장에 대하여 알맞은 이유를 들어가며 자신의 의견을 말해봅시다.

주장 선생님, 숙제를 없애주십시오. 학원에 갔다가 집에 오면 벌써 어둡습니다. 그때부터 숙제를 하다 보면 놀 시간이 없습니다. 그리고 숙제가 너무 많아 힘이 듭니다.

예시 의견 1 나는 숙제가 있어야 한다고 생각합니다. 다른 학교를 다니는 친구들의 말을 들어보면, 우리 학교는 숙제가 많은 편이 아닙니다. 그러니 숙제가 많다고 없애달라기보다 학원에 다니지 않는 것이 좋겠습니다.

예시 의견 2 나는 숙제를 없애야 한다는 주장에 찬성합니다. 공부는 스스로 계획을 세워서 해야 하는데, 숙제가 있으면 스스로 공부하는 습관을 들이기가 어렵기 때문입니다. 그리고 자기가 하고 싶은 공부를 할 수 없기 때문입니다.

예시 의견 3 나는 숙제가 있는 것이 좋지만, 재미있고 즐거운 숙제였으면 더 좋겠다고 생각합니다. 책에 있는 문제를 풀거나 베껴 쓰라는 숙제는 지겹습니다. 신문이나 어린이 잡지, 만화 등을 보고 하는 숙제는 재미있고 즐겁게 할 수 있으리라 생각합니다.

아이에게 주장의 내용을 먼저 말해준 다음에 어떤 의견이 가능한지 생각해보도록 한다. 그 다음에 예시를 보여주고 자신의 의견과 가장 가까운 의견은 무엇인지, 각각의 핵심 내용은 무엇인지 정리해본다.

논술 공부가 따로 있는 것이 아니다. 바로 교과 주제와 관련된 내용을 생활 속에서 깊이 있게 생각하고 정리하는 습관을 통해 실력을 기를 수 있다.

같은 책에 실려 있는 내용을 한 가지 더 소개한다.

이야깃거리의 예

- 좋아하는 꽃
- 처음으로 혼자서 한 일
- 만약에 내가 ○○라면
- 내가 만나고 싶은 사람
- 소개하고 싶은 친구
- 이것이 문제다
- 좋은 별명과 좋은 말
- 친구를 기분 나쁘게 한 경험
- 친구를 기분 좋게 한 경험
- 공부는 꼭 해야 하는가?

- 세상에서 가장 아름다운 것
- 내가 가장 고통스러웠던 경험
- 발명하고 싶은 것들
- 키우고 싶은 애완동물

평소 발표 능력이 다소 부족한 아이에게는 구체적인 정보가 많은 화제를 찾아주는 것이 도움이 된다. 말하고 싶은 욕구를 느끼는 화제를 찾아주는 것이 가장 중요한데, 교사용 지도서를 잘 활용하면 어렵지 않게 아이의 공부를 도울 수 있다. 또한 정확한 개념 이해를 도와주는 참고 자료를 부모가 먼저 읽고 설명해주는 것도 좋은 방법이다.

시야를 넓히는, 사회

사회 과목은 다양한 체험학습을 통해 흥미를 불러일으킬 수 있는 과목이다. 가령 '그리스는 산불, 우리는 홍수'와 같은 뉴스로도 사회 공부를 할 수 있다. 생활에 밀접한 소재는 쉽게 호기심을 불러일으키고 교과서 내용과 생활이 따로 떨어져 있는 것이 아니라는 느낌을 준다. 다음은 초등학교 4학년 사회 과목 교사용 지도서에 나오는 내용이다.

구분	내용 · 예시	활용법
대단원별 삽화와 개념 해설	대단원이 시작되는 부분에 나오는 삽화에 대한 설명	아이가 무엇을 왜 배우는지, 기본적인 학습 동기 부여에 필요한 정보가 충실히 정리되어 있다. 각 단원의 내용에 대한 관심을 불러일으키는 데 도움이 되는 관련 정보도 충분히 실려 있다.
주요 용어 해설	교과서에 나오는 핵심적인 개념어에 대한 설명	제대로 공부하기 위해서 반드시 정확하게 이해하고 기억해야 할 용어가 무엇인지 한눈에 확인할 수 있다. 사전을 제대로 활용하지 못하는 조건에서도 교과 과정의 핵심 개념어를 이해하는 데 필요한 설명이 상세하게 되어 있다.
차시별 교수 학습 활동의 도입	교과 내용에 관심을 갖도록 유도하는 질문 - 생활 속에서 찾아보기 • 여러분의 집을 모르는 친구가 위치를 물을 때 어떻게 알려주어야 할까? • 우리 지역을 모르는 다른 지역 사람이 우리 지역을 찾아오려고 한다면, 우리 지역의 위치를 어떻게 설명해주면 좋을까?	흥미를 잃은 아이들에게 질문하고 답을 찾아보도록 하는 과정에서 관심을 불러일으키는 데 매우 유용하다.
교수 학습 자료 및 활동 아이디어	교과 주제를 공부하는 데 유용한 정보	관련 정보를 얻을 수 있는 인터넷 사이트 주소는 기본이다. 학생들이 재미있게 할 수 있는 다양한 학습 활동을 활용하면 흥미 유발은 물론 보다 적극적인 공부습관을 기르는 데 매우 유용하다.

수행평가 자료	해당 교과 주제에 대한 수행평가 방법 안내 및 예시	수행평가에 대한 정보를 미리 파악하여 진도가 나가는 중간에 차근차근 준비할 수 있다. 시간에 쫓기면서 혼자 해야 하는 상황이라면 실질적인 도움을 줄 수 있다.
교사용 읽기 자료	교과 과정에 대해 교사로서 알아야 할 전문지식	아이가 특히 힘들어하는 단원이나 교과 주제가 있을 경우, 부모로서 해법을 찾는 데 도움이 되는 정보가 잘 정리되어 있다.

관찰력과 실험 정신을 키우는, 과학

방송 프로그램 〈스펀지〉는 아이들에게 인기가 있다. 궁금한 것을 실험으로 알아가는 재미가 있기 때문이다. 아이들은 즐거운 실험 과정을 보면서, 과학이 생활과 동떨어진 것이 아니고 주변의 모든 것이 실험 대상이 될 수 있다는 것을 발견한다. 가령 무게와 압력을 공부할 때, 공식만으로 문제를 풀려고 하면 재미가 없다. 그런데 "하이힐에 밟히는 것과 코끼리 발에 밟히는 것 중 어느 것이 더 위험할까?"와 같은 질문을 바탕으로 과학 개념을 이끌어낸다면, 아이들은 호기심을 가지고 문제를 해결하려 한다.

핀란드의 수업은 생활과 밀접한 내용을 응용한다. 가령 물리 시간, '무엇으로 잴까'를 주제로 한 수업에서 단순히 수치와 측정 단위만을 설명하지 않는다. 양손을 펼쳐서 '한 길'을 재기도 하고, 걸음을 떼며 '보폭'을 재기도 하며, 발을 내밀어서 '발 사이즈'를 재기도 한다. 몸의 크기를 알아두면 어디에서든 대강의 크기를 알 수 있고, 가게에 갔을 때 자가 없어도 상품을 잴 수가 있다. 측정의 단위와 도구가 실용으로 거듭나는 것이다. 이처럼 자신의 몸을 측정 도구로 삼아 길이를 재보기 때문에 수업 내용이 아이의 머릿속에서 지워지지 않는다.

교사용 지도서의 차시별 학습 내용 및 활동의 도입부에 나오는 '수업을 위한 동기 유발' 코너를 활용하면 공부에 대한 관심과 흥미를 키우는 데 크게 도움이 된다. 아래는 과학 4-1의 '용수철저울로 무게를 재어봅시다'에 나오는 내용이다.

"저울이 없어진다면, 어떤 점이 불편할까?"
- 고기를 살 때마다 양이 달라진다.
- 정확한 재료의 양을 잴 수 없어 맛있는 빵을 쉽게 만들 수 없다.
- 우체국에서 소포를 부칠 때 정확한 무게를 잴 수 없어 배달 가격을 따지는 실랑이가 벌어질 것이다.
- 자신의 몸무게를 정확하게 알 수 없다.

자료실에 실린 내용을 먼저 읽어보고 서술형 문제를 출제한 다음에 첨삭을 해주는 것도 매우 효과적인 방법이다.

영어 몰입교육의 원조
핀란드 따라잡기

대한민국 부모들은 보통 학습지, 원어민 학원, 해외 연수나 유학의 순서로 영어 교육 문제를 해결하려고 한다. 하지만 학습지는 예전 방식 그대로 반복 암기를 강요하거나 한정적인 교재로 흥미도가 낮다는 점에서, 원어민 학원은 계속되는 레벨 테스트로 자녀에게 끊임없이 스트레스를 주고 원어민 강사의 자질도 사실 의심스럽다는 점에서, 해외 연수나 유학은 경제적 부담은 물론 여러 위험 부담이 크다는 점에서 적절하지 않다고 판단된다. 그렇다면 골치 아픈 영어 교육을 도대체 어떻게 지도하면 좋을까. 솔빛엄마 이남수 선생님의 이야기를 들어보자.

습득과 학습의 차이

아이에게 왜 영어 교육을 시키려 하는가. '글로벌 시대, 세계화 시대에 살아남기 위해' '영어 성적을 잘 받기 위해서'라는 목적이나 목표로는 아이의 영어공부를 성공으로 이끌기 어렵다. 그보다는 '영어를 자유롭게 구사하거나 활용하는 것'에 목표를 두면 어떨까? 영어를 목적이 아니라 말 그대로 도구로 보는 것이다.

미국 아이들은 영어를 어떻게 배웠기에 잘하는 것일까? 우리가 국어를 배우듯 배웠기 때문이다. 그렇다면 우리 아이들은 국어를 어떻게 배울까? 당연히 학습이 아니라 자연스러운 습득을 통해서 배운다.

여기서 습득(acquisition)과 학습(learning)의 차이를 정확하게 이해하는 것이 중요하다. 습득은 '외국어가 계속 흘러나오는 환경 속에서 듣고 말하기를 되풀이하다 자연스럽게 그 언어를 구사하게 되는 것'이고 학습은 '체계적이고 반복적인 훈련과 연습을 통해서 언어를 배우는 것'이다.

영어 몰입교육의 원조는 핀란드다. 비영어권 국가 중에서 가장 영어 활용 능력이 뛰어난 핀란드지만 눈여겨봐야 할 대목은 바로 모국어를 먼저 제대로 배워야 외국어도 제대로 배울 수 있다고 판단한다는 점이다. 실제로 영아기나 유아기부터, 그러니까 모국어 활용 능력을 제대로 익히기 전에 외국어를 배우면 언어 장애를 일으키는 등 심각한 부작용이 나타난다. 우리말 활용 능력에 어려움이 없는 단계에서 영어에 대한 자연스러운 습득 과정을 충분히 경험한 후 대략 초등학교 4학년부터 자기주도 학습으로 나아가는 것이 가장 바람직하다. 영어 조기교육은 불안한 부모들의 신

영어의 습득 ⇒ 자기주도 영어 학습

모국어 습득과 최대한 비슷하게 영어를 습득한 후 자기주도 학습으로 넘어가기			
모국어 단계	영어 단계	습득과 학습 병행 단계	학습 단계
0세 →	7세 →	11세(초등 4학년) 이상 →	
모국어 기반을 튼튼히 하자	듣기 Start! ──────────────→ 말하기 Start! ──────────→ 읽기 Start! ─────→ 쓰기 Start! ───→		

경 안정제로서는 유효하지만 아이들에게는 심각한 부작용을 가져올 수 있다.

　자기주도 학습능력이 생길 때까지는 영어를 '학습'할 것이 아니라 '습득'해야 한다. 좀더 쉽게 말하면 영어를 공부할 것이 아니라 즐거운 취미생활로 즐겨야 한다. '학습'이 아니라 '습득'하는 과정을 반드시 거쳐야 영어 실력이 좋아진다는 점을 잊지 말자. 예를 들어 〈매직스쿨버스〉같이 교육용 효과가 좋은 애니메이션을 자막 없이 원어 그대로 듣고 보면서 즐기는 것도 한 방법이다.

　영어를 습득하는 단계에서의 듣기는 생활 속에서 자연스럽게 듣고, 하루 한편씩 비디오를 영어 원음 그대로 듣는 것이다. 비디오는 해외 연수나 유학을 갔을 때보다 더 실제 같은 상황을 보여준다. 입 모양을 따라할 수 있고 적극적으로 원하는 대로 듣고 볼 수 있으며, 상황과 소리를 연결하여 의미를 알아갈 수 있다. 또한 언어와 문화를 함께 배울 수 있다는 장점이 있다.

하지만 어린 동생이 있다면 주의해야 한다. 비디오에 과다 노출되면 비디오 증후군과 같은 부작용이 나타날 수 있기 때문이다. 또한 왼쪽의 표에 제시된 나이를 절대적인 기준으로 삼으면 안 된다. 가장 일반적인 기준일 뿐이고, 아이들의 우리말 활용 능력과 준비 정도에 맞게 개인 차를 최대한 반영하여 적용해야 한다.

듣기를 하면서 일정한 시점에 이르면 말하기를 시작해야 한다. 귀가 뚫려야 입이 열리게 된다는 말처럼 말하기는 듣기 다음에 온다. 그런데 여기서의 말하기는 제대로 된 말하기가 아니라 '흘려듣기'와 같이 '흘려 말하기'를 의미한다. 흥얼흥얼거리는 것이다. 일종의 영어 옹알이라고 생각하면 된다. 많이 듣고, 자주 듣고, 반복해서 듣다 보면 아이는 자기도 모르게 중간중간에 들리는 말을 흉내 내게 된다. 의성어와 의태어에서 시작해 점점 특정 단어, 구, 절, 문장으로 자연스럽게 확대된다.

말하기 단계에 접어들었을 때 주의해야 할 점이 있다. 설령 잘못 중얼거리거나 말했다고 해서 부모가 나서서 잘못을 지적하거나 교정하려 하면 안 된다. 이 단계에서는 '습득의 방식'이 적용되어야지 잘 가르치려 드는 '학습의 방식'이 튀어나와서는 안 된다. 그렇게 하면 아이가 영어에 대해 자신감을 키우지 못하기 때문이다.

초등 저학년, 영어와 친해지기

자기주도 학습은 초등학교 4학년 이상부터 시작하는 것이 좋다. 그 이전에는 영어가 생활 속에서 튼튼하게 터를 잡도록 도와야 한다. 영어에 대한 호기심, 흥미, 배우겠다는 동기, 할 수 있다는 자신감을 기르는 것이 중요하다. 무리하게 영어 공부를 강요하여 영어에 대한 거부감을 키우거나 스트레스를 주면 안 된다. 그렇게 하면 영어 교육에 실패할 가능성이 커진다.

듣기와 말하기

초등학교 1~2학년 때는 하루 30분씩 주 3회, 듣기와 말하기를 한다. 생활하면서 그냥 편안하게 듣고 말하도록 한다. 흘려 듣기를 하다 보면 차츰 집중도가 높아진다. 재미를 느끼면 또 집중해서 듣게 마련이다. 그러면 듣기와 흘려 듣기에 '입맛 따라 듣기'를 추가할 수 있다.

3학년부터 본격적인 자기주도 학습에 들어가기 전까지는 하루 1시간, 주 3회로 듣고 그 비중을 차츰 늘려간다. 물론 초등 영어 교과를 이해하고 진행해야 한다. 그밖에 자료로 학교 영어교과서, 영어 동화 오디오, 회화 교재, 영어 동요, 영어 뉴스 등을 다양하게 활용해도 좋다.

읽기와 쓰기

읽기와 쓰기는 듣기와 말하기보다 어려운 능력을 요구하는 학습 행위이므로 절대 무리하게 강요해서는 안 된다. 읽기와 쓰기는 아이가 관심과 흥미를 보일 때 시작하는 것이 옳다. 초등학교에 진학하여 모국어(국어)를 공부하며 영어 읽기와 쓰기를 시작해도 절대 늦지 않다. 오히려 모국어와 함께 영어 실력을 향상시킬 수 있는 적기다.

읽기는 자기가 좋아하는 것부터, 쓰기도 가장 기본적인 단어와 문장에서부터 시작한다. 시행착오 과정을 통해 자녀가 스스로 배울 기회와 시간을 갖도록 해줘야 실력이 는다.

초등 고학년, 아이 주도형 영어 공부

습득의 과정, 습득과 학습의 병행 과정을 거쳐 영어에 대한 감이 왔다면 이제 본격적인 자기주도 학습 단계로 넘어가야 한다. 이전의 단계를 충실히 수행했다면 초등 4학년부터 시작하는 것이 가능하지만 아직 미흡하다면 1~2년 뒤, 중학생이 되어 시작해도 괜찮다.

자기주도 과정이기 때문에 하루에 얼마, 한 주에 몇 번을 공부할지는 전적으로 아이의 결정에 맡겨야 한다. 지금까지의 단계가 '엄마 주도 방식'이었다면 지금부터는 '아이 주도형 영어 공부'를 해야 하는 시기다.

학교에서 진행하는 영어 수업의 수준이 낮다고 해서 무시하며 여전히 엄마가 주도하는 식으로 끌고 나가면 안 된다. 오히려 학교의 쉬운 영어 수업을 적극적으로 활용하여 아이 주도로 학습하면서 필요한 부분을 보완하는 방식이 가장 효과적이다.

자녀의 자기주도 영어 학습의 성패는 부모가 아이를 얼마나 믿어주느냐에 따라 결정된다. 듣기와 말하기, 읽기와 쓰기를 지금까지와 같이 유지하되 난이도나 자극은 아이의 결정에 맡긴다. 물론 이전보다 낮아지지는 말아야 할 것이다. 듣기와 말하기보다 읽기와 쓰기 중심으로 진행하는 것이 바람직하다.

그리고 영어로 문화생활, 취미생활을 하도록 한다. 영어권 영화나 드라마, 뉴스, 신문, 책을 일상생활로 접한다. 이때 실전 영어로 발전시키는 것도 아이가 주도적으로 해야 한다. 영어를 필요로 하는 행사에 참여하거나 국제 행사 자원봉사 활동, 영어 관련 대회 참가, 각종 영어 인증시험 보기 등을 생각해볼 수 있다.

영어의 왕도는 꾸준한 노출과 사용이다. 영어가 의무가 아니라 즐거운 취미생활이 될 때 영어는 비로소 완성된다. 무엇보다 자신에게 가장 잘 맞는 방식으로 영어를 즐기는 것이 중요하다. 그렇게 꾸준히 하다 보면 영어를 자유롭게 사용하거나 활용하는 능력은 자연히 따라올 것이다.

흥미 유발을 기본으로 해서 생활 속에서 자연스럽게 영어를 배우고 익히는 프로그램을 제공하면 외국에 가지 않아도 훌륭한 영어 실력을 쌓을 수 있다. 이미 조기유학 대체 프로그램을 독자적으로 개발하여 성공한 사례들을 보면 조기교육, 어학연수의 환상에서 벗어날 때가 된 것 같다.

세계가 인정한 '완자 스킬'

흔히 초등학교에 들어가면 공부습관을 잡아야 한다고 말한다. 하지만 중요한 것은 아이 스스로 즐겁게 습관을 잡아가야 하고, 부모는 곁에서 돕는 수준이어야 한다. 그런데 공부습관 문제로 부모와 아이들 간에 갈등이 커지고 다툼이 벌어지는 경우가 많다. "공부해라" 하면 "잠깐만요. 이것만 하고요" 하면서 실랑이를 벌이는 것이다.

부모로서는 매일 일정치의 공부를 해야 공부습관이 잡힐 거라는 부담이 있고, 아이로서는 의무적으로 부과되는 분량이 재미없고 지겹기 때문에 공부하라는 부모의 말이 듣기 싫은 잔소리가 된다. 부모는 아이와 매일 부딪치는 상황이 싫어서 학원이나 사교육 기관에 교육을 맡기고 싶은 유혹에 빠진다. 그러나 그렇게 되면 아이가 스스로 공부습관을 들여 자기 페이스로 공부하는 길과는 점점 멀어진다. 그렇다면 아이가 재미있게 공부습관을 들일 수 있는 방법은 무엇일까.

아이의 성장을 돕는 핀란드 교육 기술

핀란드의 전통에서 지혜를 얻어 개발하고 전 세계적으로 보급된 기술(시스템)이 있다. 원래 이름은 '키즈 스킬'인데 한국에 맞게 응용하여 '완벽한 자율학습 기술'이란 뜻으로 일명 '완자 스킬'이라고 부른다. 실제로 '완자 엄마학교'라는 학부모 교실 등을 통해 전파하고 있는데 반응이 좋다.

완자 스킬에는 중요한 전제가 있다. 아이의 성장을 이해하고 그 성장을 돕는 부모가 가져야 할 관점이다. 이것을 이해하고 시작해야 제대로 효과를 거둘 수 있다.

첫째, 모든 사람은 잠재력을 타고난다. 아이의 행동이 문제처럼 보인다 해도 그것은 실제로 문제가 아니라 자신의 가능성을 드러낼 준비나 연습이 덜 되어 있기 때문이다.

둘째, 아이는 문제가 있는 것이 아니라 배워야 할 기술이 있을 뿐이다. 아직 배우지 않은 스킬은 이제 배우면 된다. 아이의 문제를 들쑤시면서 고치라고 강요하면 아이가 듣기 싫어하지만, 추궁하지 않고 기술을 배우라고 권하면 아이는 최선을 다한다. 자신의 문제를 해결하는 것이 즐거운 작전을 완수하는 것인 양 여기기 때문이다. 아이에게 아무리 그만하라고 해도 소용이 없을 때가 있다. 심지어는 하지 말라는 소리에 화를 내며 일부러 그 행동을 반복하기도 한다. 따라서 하지 말라고 다그치기보다 "이렇게 하는 게 좋지 않을까" 하며 대안을 제시해서 물꼬를 긍정적인 방향으로 돌리는 것이 좋다.

셋째, 완자 스킬 작전을 함께 짰다고 해도 아이가 바로 배우지 못할 수 있다. 아이의 잠재력을 믿고 흥미를 가질 수 있게 도와줘야 한다. 가령 목표로 하는 스킬에 아이가 좋아하는 작전명을 붙이거나, 스킬을 배운 후 어떤 점이 좋은지 알게 한다.

넷째, 아이가 실천할 수 있도록 용기를 북돋아줘야 한다. 부모는 아이가 실천하기 알맞은 방법을 찾아내고, 아이가 제대로 해낼 때마다 칭찬하고 격려해주어야 한다.

스킬을 익히다 보면 다양하게 응용할 수 있다. 예를 들어 4부에 나오는 '이야기 대화법'처럼 이야기하기 전에 간단하게 메모하는 스킬을 익히면, 그것을 다른 곳에도 적용할 수 있다. 공부, 생활습관 등 무엇이든 배워야 할 것이 있을 때 완자 스킬을 활용하면 된다.

스킬을 일주일 만에 완성하기로 했는데 실패했다고 해서 문제 삼을 필요는 없다. 다시 하면 되기 때문이다. 한 달이 걸리든 일 년이 걸리든 그 시간은 결코 아깝지 않은 투자가 될 것이다. 아이가 목표를 정하고 도전하여 성취감을 맛보면 무엇이든 할 수 있다는 긍정적인 힘을 갖게 된다.

10단계 즐거운 공부 작전

대부분의 가정에서 아이의 공부 문제로 어려움을 호소한다. 예를 들어, 성적이 형편없어서 학원에 보냈는데 아이가 너무 힘들어하는 경우가 있다. 이럴 때 아이가 안쓰럽긴 하지만, 부진한 성적을 그냥 두고 볼 수도 없어서 어떻게 해야 할지 고민스러울 수 있다. 보통은 자녀를 야단쳐 계속 학원에 다니게 하거나 "너 하고 싶은 대로 해. 다음 시험도 망치면 그때는 가만두지 않을 테니까" 하는 식으로 엄포를 놓아 자녀와 공부 전쟁을 치르는 경우도 있다. 이처럼 공부 문제로 갈등을 겪고 있다면, 혹은 그런 일을 예방하기 위해서 완자 스킬을 적용해 근본적으로 문제를 해결해보자.

1단계 긍정적인 의도 설명하기

"네 의견을 존중해서 학원에 다니지 않는 걸로 하자. 그리고 시험 기간에 고생하지 않고 부담감 없이 편하게 공부하는 방법을 찾아보자."

아이들에게 이처럼 새로운 공부를 해보자고 제안하는 것이 변화의 시작이다. 아이들은 이처럼 존중받기를 간절히 원한다. 그런데 이런 제안을 했을 때 아이가 부정적인 반응을 보인다면, 아이가 부모를 의사소통의 파트너로 보지 않는 것이다. 그동안 부모가 신뢰를 주지 못했다는 뜻이므로, 아이가 정서적으로 마음의 문을 열 수 있도록 부모가 먼저 노력해야 한다.

부모의 의도가 아니라 아이 입장에서 무엇을 바라는지 깊이 생각해본 다음에 생각을 정리해야 한다. 아이에게 문제가 있어서가 아니라 자신의 잠재력을 활용하는 방법을 찾지 못해서 고생하고 있음을 이해해야 한다. 자녀의 공부를 도우려고 하지만 실패하는 데는 이유가 있다. 아이의 바람보다는 이끌려는 부모의 의도가 강해서다. 아이들도 부모가 시키는 대로 하는 것이 자신에게 좋다는 것을 알지만, 강압적으로 자신을 누르려 한다는 정서적 거부감이 앞서기 때문에 공부도 싫어지는 것이다.

2단계 스킬 발견하기

다음과 같은 과정을 거치면서 아이가 자신에게 필요한 스킬이 무엇인지 깨닫도록 한다.

① 시험지를 꺼내놓고 틀린 문제를 하나씩 살펴보면서 교과서의 어느 대목에서 나온 문제인지 확인한다.

② 문제를 틀린 이유가 안 배웠기 때문인지, 배웠지만 제대로 기억하지 못하고 까먹었기 때문인지 생각해본다.

③ 평소에 공부한 내용을 대부분 까먹은 상태에서 시험 공부를 하는 것과 어느 정도 기억한 상태이거나 대부분 기억한 상태에서 공부할 때의 차이가 무엇인지 생각해본다.

④ 평소에 공부한 내용을 되도록 까먹지 않고 쉽게 기억하려면 어떻게 하는 게 가장 좋은지 생각해본다.

이 과정을 거치면 학원에 다니지 않고, 시험 기간에도 부담감 없이 공부하려면 평소에 공부한 내용을 까먹지 않는 스킬이 필요하다는 결론에 도달할 수 있다.

부모가 의도하는 결론에 도달하기 위해 서두르면 안 된다. 아이가 스스로 자신의 생각을 정리할 수 있도록 단계별로 하나씩 밟아나가는 과정에 충실해야 한다. 부모 입장에서는 너무도 뻔한 결론이기 때문에 조급하게 아이를 끌고 가려 하기 쉽다. 그러면 아이는 강요받는다고 생각해 다시 거부감을 느낄 수 있다. 완자 스킬은 철저하게 아이 입장에서 생각해야 한다. 아이가 스스로 자신의 생각을 정리하면서 자발성을 발휘하기 위해 꼭 필요한 준비 과정을 밟아나가는 것이라는 사실을 명심해야 한다.

3단계 스킬 결정하기

어떤 스킬을 연습하면 평소에 공부한 내용을 잘 기억할 수 있을지 함께 생각해본다.

① 아무리 정확히 기억한 내용이라도 다시 공부하지 않으면 기억이 약해진다는 사실을 서로 확인하고 언제 복습을 할 수 있는지 함께 생각해본다.
- 수업시간 중에 적극적으로
- 수업이 끝난 직후 쉬는 시간에
- 학교 수업을 마치고 집에 와서
- 저녁을 먹고 나서
- 하루 일과를 모두 마치고 잠자리에 들기 전에
- 다음날 아침 학교 가기 전에
- 주말 또는 휴일에(언제   )
- 기타 1(   ) • 기타 2(   )

② 언제, 몇 번 복습하는 게 좋은지, 기억 효과는 물론 실천 가능성을 기준으로 복습이 가능한 타이밍 각각의 장점과 단점을 비교한 다음에 선택한다.

③ 한 번 복습하는 데 어느 정도 시간이 적당한지 판단해본다.

3+α단계 결정한 스킬은 까먹기 전에 기억으로 만들기

① 수업시간 중 꼭 기억할 내용에 밑줄을 친다.

② 학교 수업을 마치고 집에 와서 과목별로 3분씩 밑줄 친 부분을 큰 소리로 읽는다. 그런 다음에 가장 중요한 단어나 구절에 종이를 붙여 보이지 않도록 가린다.

③ 잠자리에 들기 전에 가려진 부분을 기억해보고 기억이 나지 않으면 5번씩 암송한다.

④ 토요일 오후나 일요일 오전에 도서관에 가서 일주일 동안 공부한 내용을 다시 기억해본다. 기억이 분명한 부분의 종이는 떼어낸다.

과연 어떤 스킬을 선택할 수 있을지에 대해 부모가 먼저 판단해서는 안 된다. 단지 판단에 필요한 정보를 충분히 제공한 다음 아이 스스로 선택하도록 한다.

4단계 좋은 점 찾기

새로운 스킬을 연습해서 익숙해지면 어떤 변화가 있을지, 즐거운 마음으로 함께 상상하고 기록해본다.

① 좋은 점은 무엇일까?
- 시험 준비를 할 때 부담이 크게 줄어 어느 정도는 자유 시간을 가질

수 있다.
- 이전에는 시험만 보고 나면 대부분 까먹었는데 앞으로는 공부한 내용을 대부분 기억할 수 있기 때문에 학년이 올라갈수록 공부할 내용이 줄어든다. 공부에 대한 부담이 줄어들면 여유 있게 공부하면서 꿈을 키울 수 있고 하고 싶은 일도 할 수 있다.
- 다른 친구들처럼 학원에 다니지 않아도, 오랜 시간 공부하지 않아도 좋은 성적을 받을 수 있다.
- 하루하루 공부에 쫓기는 느낌 없이 즐겁게 생활할 수 있다.

② 기억 만들기 스킬이 없으면 어떤 일이 벌어질까?
- 시험 기간이 되면 마음이 무거워지고 공부가 점점 하기 싫어진다.
- 그날 할 일을 미루게 되고 결국 후회하게 된다.

어떤 일을 하든지 가장 중요한 것은 정말 그렇게 하고 싶은 마음, 바로 동기다. 정말 아이 입장에서 마음껏 상상력을 발휘하며 부모도 함께 즐거워질 필요가 있다. 기억 만들기 스킬을 활용할 때와 그렇지 않을 때를 비교해서 부모의 말과 표정이 어떻게 달라질지 연기를 해보는 것도 좋다. 아이도 함께 자신의 기분을 상상해보면서 표정이나 말로 연기를 해보면 강한 동기 부여가 된다.

5단계 이름 붙이기

스킬을 상징하는 이미지와 이름을 붙여 계속 관심을 가질 수 있도록 한다. 아이가 평소 좋아하는 캐릭터나 재미있는 이름으로 정하는 게 좋다.

- 예 : 돼지 저금통, 회전목마, 공부의 신, 라이벌 의식을 느끼는 친구 이름, 정말 좋아하는 사람의 이름

6단계 후원자 모으기

새로운 스킬에 익숙해지는 것은 쉬운 일이 아니다. 따라서 시작하기 전에 충분히 준비해야 하고, 새로운 스킬에 완전히 익숙해질 때까지는 여러 번의 고비를 잘 넘겨야 한다. 아이들이 평소 좋아하는 사람을 후원자로 정하고 그들의 응원을 받는다면 어려운 고비도 잘 넘길 수 있다.

① 평소 아이가 함께 있고 싶어 하거나, 옆에 없으면 보고 싶어 하는 사람이 누구인지 물어본다.
② 그들 중에서 돼지 저금통(작전명) 스킬을 연습하는 데 누가 응원해주면 좋을지 생각해본다.
③ 그들에게서 언제, 어떤 응원을 받으면 힘이 날지 생각해본다.

할머니, 아버지, 누나, 동생 또는 친한 친구, 누구든 상관없으며 인원 제한도 없다. 아이가 결정한 후원자에게 연락해서 응원 메시지를 부탁하고 필요할 때마다 응원을 보내도록 하는 역할은 부모의 몫이다. 이 과정을 절대 귀찮다고 생각하면 안 된다. 사소한 습관 하나가 아이의 인생을 바꾸고, 엄청난 사교육비 부담에서도 벗어날 수 있다. 아이가 정말 스킬에 능숙해졌을 때 과연 어떤 일이 벌어질지 상상하면서 과정 하나하나를 소

중하게 통과해야 한다.

7단계 성공 축하 파티 계획하기

새로운 스킬 익히기에 성공했을 때 벌어질 즐거운 축하 파티를 상상해보면, 매우 강력한 실천 의지가 생긴다. 성공을 축하받는다는 생각은 아이에게 긍정적인 희망을 주고, 파티를 떠올리면 성공에 대한 자기 암시를 받는다. 축하 파티 계획서는 가족은 물론 후원자에게도 공개하는 것이 좋다.

사진 자료와 다양한 색깔로 계획서를 작성한 후 잘 보이는 곳에 붙여놓고 자주 보면서 즐거운 기분을 느끼면 아이의 잠재력이 강하게 자극된다.

돼지 저금통 성공 축하 파티 계획서

구분	아이와 함께 정하기	참고하기
주인공		되도록 아이의 사진을 붙여놓는 게 좋다.
언제		아이가 스스로 성공 시기를 정하도록 한다.
성공 스킬 발표하기		아이 스스로 판단해서 어느 정도 스킬에 익숙해졌을 때 축하 파티를 하는 게 좋을지 생각해보고 부모와 합의한다.
누구와		후원자들과 되도록 함께한다.
어디서		평소에 가고 싶었던 곳을 우선으로 한다.
무엇을(선물 포함)		부모에게 자주 요청했던 것을 최대한 수용한다.

어떻게		축하 파티의 식순을 정해본다.
준비위원장		부모가 맡는 것에 대해 불만이 있을 경우 아이가 결정하도록 한다.

8단계 실천하기

실천 단계에서 반드시 필요한 것은 체크리스트다. 처음부터 모든 스킬을 실천할 수도 있지만 아이의 판단에 따라 단계별로 하는 것도 필요하다. 아래 예시와 같이 가장 자신 있고 실천하기 쉬운 것부터 시작하여 여기에 익숙해지면 다른 스킬에 도전하는 것이 바람직하다.

스킬 실천 정도 체크리스트

돼지 저금통 스킬	예상 난이도	필요기간			단계	(　)월 (　)주차					
		시도	적응	완성		월( )	화( )	수( )	목( )	금( )	토( )
밑줄 치기 (수업시간)	중	3일	7일	7일	1	O(했음) ☆☆☆☆☆	×(깜빡) ☆☆☆☆☆	O(했음) ☆☆☆☆☆	O(했음) ☆☆☆☆☆	O(했음) ☆☆☆☆☆	놀토 ☆☆☆☆☆
집에 와서 바로 복습	하	7일	0일	3일	1	×(깜빡) ☆☆☆☆☆	×(깜빡) ☆☆☆☆☆	O(했음) ☆☆☆☆☆	O(했음) ☆☆☆☆☆	O(했음) ☆☆☆☆☆	놀토 ☆☆☆☆☆
자기 전 복습	상	7일	7일	7일	2	다음 주부터 시도					
주말 복습	상	7일	7일	7일	3	다음 달부터 시도					

※ 일별로 아이가 실행했는지 여부를 체크하도록 한다. O×로 표시하거나 별표(☆☆☆☆☆)에 색칠하는 방법 등을 사용하면 된다.

버섯 채취를 나온 가족. 집에서 구워온 초코케이크를 나눠먹는 모습이 소박하고 단란해 보인다.

체크리스트를 함께 보면서 어려운 점 또는 방해·장애 요인이 무엇인지 생각해본다. 필요하다면 4단계부터 7단계까지 진행되었던 과정에서 아이와 공유했던 느낌을 되살리는 것도 좋다. 또한 스킬을 실천한 다음에 나타날 변화를 생각해본다. 그리고 그것이 아무리 작은 것이라도 소중하게 생각하고 앞으로 나타날 효과에 대해 대화를 나눈다.

어떤 일이라도 처음부터 잘할 수는 없다. 시행착오를 겪는 것은 당연하다. 이때 중간에 제대로 하지 못한 것은 실패가 아니라 성공하기 위해 필요한 경험을 쌓는 과정이라는 점을 이해해야 한다. 중간에 힘들어하면 과거의 성공 경험을 되살리는 방법을 통해 의욕을 재충전해준다.

개인마다 적응하는 데 걸리는 시간이 다르므로 조급해하지 않고 포기하지 않는 마음이 중요하다. 더불어 결과에 집중해서 칭찬하기보다 (비록 크게 달라진 것은 없더라도) 노력하는 모습에 박수를 보내며 격려한다. "너는 잘할 수 있어"와 같은 막연한 격려보다 "넌 전에도 해냈잖니. 이번 기술도 어렵지 않게 할 수 있어" 또는 "전보다 실력이 많이 늘어서 금방 해내겠는걸" "넌 레스큐 포스처럼 용기가 있잖아" "이번 작전도 승리할 거야" 처럼 구체적으로 표현하는 것이 더 잘 전달된다.

9단계 성공 축하 파티하기

스킬 익히기에 성공한 상태가 아니더라도 부모와 아이가 공감할 수 있는 의미 있는 변화가 나타났을 때, 미리 약식으로 축하 파티를 할 수 있다. 지금까지의 노력을 더욱 강화하고, 동기 부여에 특효가 있다. 의미 있는 축하 파티에는 다음과 같은 내용이 포함되어야 한다.

① 후원자들에게 감사 편지 전달하기
② 후원자들에게 감사 인사하기
③ 성공해서 좋은 점 발표하기
④ 성공하기 위해 자신이 어떤 노력을 했는지 얘기하기

10단계 다른 친구에게 스킬 가르쳐주기

자신이 배운 스킬의 완성도를 높이는 데 가장 효과적인 방법은 가르쳐보는 것이다. 누구에게 가장 필요한 스킬이며, 그중 누구에게 가르쳐주고 싶은지 얘기해본 다음 대상을 정한다. 아이가 잘 가르칠 수 있도록 적극적으로 돕겠다는 의사를 전달하고, 구체적인 방법에 대해 함께 상의해서 결정한다. 육하원칙에 따라 하나하나 정리해나가면 아이가 잘 가르칠 수 있을 것 같다는 자신감과 의욕을 갖게 된다.

도서관에서 자라는 아이들

 타율적인 공부에 익숙해진 우리나라 학생들은 심지어 대학교에 가서도 과외가 필요하다고 하지만 핀란드 학생들은 어릴 때부터 스스로 공부한다. 학교와 부모 모두 공부를 절대 강요하지 않는다. 그럼에도 핀란드는 OECD가 실시하는 국제 학업 성취도 평가에서 언제나 부동의 1위를 지키고 있다.

 이 비결은 여러 곳에서 찾아볼 수 있지만, 특히 어려서부터 도서관을 이용하는 습관을 몸에 익힌 것도 중요한 비결 중 하나다. 도서관을 이용하며 독서를 습관화하면 스스로 공부하는 습관은 절로 형성되기 때문이다.

 도서관은 어느 동네에나 있고, 보통 큰 쇼핑몰 안에 있는 경우도 많아서 쇼핑을 갔다가 자연스럽게 들를 수 있을 만큼 친숙한 공간이다. 도서관이 좀 먼 동네는 일주일에 한 번 책을 실은 도서관 버스 서비스가 제공된다. 그야말로 도서관이 생활의 일부인 셈이다.

 핀란드 도서관의 특징은 어떤 도서관이든 공간의 절반은 어린이 전용 공간으로 꾸민다는 것이다. 책을 읽기 위한 공간이지만 놀이터처럼 실내 놀이기구들을 구비해놓아 아이들이 즐겁게 도서관을 자주 이용할 수 있도록 신경 쓴다. 책을 읽어주는 구연동화 등 아이들이 책과 친해질 수 있게 도와주는 프로그램 등도 다채롭게 진행한다.

핀란드는 겨울이 한해의 절반 이상을 차지한다. 아이들은 어쩔 수 없이 실내에서 보내는 시간이 많다. 이때 아이들이 가장 많이 생활하는 공간 중 하나가 어린이도서관이다. 그리고 핀란드 부모들은 아이들이 잠들기 전에 책을 꼭 읽어준다. 이 또한 아이들이 독서습관을 형성하는 데 큰 도움을 준다.

핀란드의 초등학교 종업식을 가 보니 학력이 우수한 아이에게도 상을 주지만, 지난 1년 동안 책을 가장 많이 읽은 아이에게도 큰 상을 주는 것이 인상적이었다. 이런 상을 주는 의도는 아마도 아이들에게 독서의 중요성을 일깨우고 동기를 부여하기 위해서일 것이다.

세계 국가경쟁력 1위인 핀란드의 저력은 인구당 도서관 비율 1위, 국민 1인당 장서 수 1위, 도서관 이용률 1위와 절대로 무관하지 않은 것 같다.

4부

가정의 혁명,
행복한 동행

아이를 존중하는 것은 '인간에 대한 예의'로 당연한 일이다.
아이는 정서적 지지와 자존감이 갖춰졌을 때
비로소 자기주도적 문제해결능력을 갖춘 사람으로 성장한다.
자신을 소중하게 여기는 아이는 스스로를 위해 공부하고,
자신의 밝은 미래를 위해 오늘을 계획하고 실천한다.
그러나 우리의 학부모 문화는 어떠한가.
더 늦기 전에 우리는 어떤 결정을 내려야 할까.

부모가 행복하면
아이도 행복하다

숲의 나라 핀란드, 국토의 70퍼센트가 숲인 나라. 휴일이면 사람들은 배낭을 메고 숲으로 향하고, 방학이나 휴가 때면 아예 숲에 가서 생활한다. 그래서 핀란드 사람들이 돈을 벌면 가장 먼저 마련하는 것이 코티지(별장)다. 우리가 흔히 생각하는 화려한 별장이 아니라 10평 규모의 소박한 생활공간이다.

숲에 가면 누구나 몸과 마음이 편안해진다. 인간의 뇌파 중 알파파(α파)는 높은 집중력과 안정을 의미하는데, 실험 결과 숲을 보는 것만으로도 알파파가 증가했다. 병에 걸린 사람들이 숲에 가서 치유되고, 숲에 잠시 머문 것만으로도 스트레스가 해소되고 혈압이 안정되는 등 숲의 효과가 입증되고 있다. 이처럼 숲은 평화와 치유의 공간이다.

또한 숲은 서로 다른 나무와 풀들이 모여 조화를 이루며, 하나하나의 호흡이 어우러져 싱그러운 환경을 이루는 공존의 터다. 핀란드가 교육에서 탁월한 성과를 내는 것도 아이들의 서로 다름을 이해하고 존중하며, 한 아이도 낙오시키지 않는, 숲을 닮은 '공존'의 철학 때문이다.

숲에서 부모는 아이와 대화를 나누고 전설을 들려주며, 아이는 숲의 소리에 귀 기울이며 이야기를 상상하고, 계절의 변화를 관찰하며, 별자리에서 과학적 상상력을 그려낸다.

함께 숲을 거닐며 자연의 열매 베리를 따기도 하고, 흙냄새와 숲의 향기 속에서 평화로운 마음을 선물 받기도 한다. 위대한 자연의 품에서만 받을 수 있는 축복이 아닐까.

이처럼 숲에서 휴식과 충전의 힘을 얻은 핀란드의 부모는 여유 있고 안정된 정서로 아이를 존중하고 배려한다. 그것은 복잡한 생각과 욕심을 떨쳐버리게 하는 숲의 힘이자, 숲의 마음으로 평화롭게 살아가는 가정의 힘이다.

만약 아이를 다시 키운다면

우리 가정도 원래는 청정한 숲이었다. 부모와 자녀가 일체감을 느끼며 따듯하게 보듬는 평화의 숲이었다. 그런데 어느새 본래 마음을 잃어버리고 서로에게 사막이 되어버렸다. 언제부터였을까. 소나무에게 대나무가 되라고 요구하면서부터, 진달래에게 장미가 되라고 윽박지르면서부터, 나무와 나무가 잘 자라기 위해서는 일정한 거리가 필요하다는 진실을 받아들이지 않으면서부터, 나무와 꽃은 시들시들 말라갔다.

핀란드 교육의 경쟁력은 아이들의 서로 다름을 이해하고 존중하며, 한 아이도 낙오시키지 않는 데 있다. 이것은 숲의 '공존'의 철학에서 비롯한다. 아이는 숲에서 이야기를 상상하고, 계절의 변화를 관찰하며, 별자리에서 과학적 상상력을 그려낸다.

이제 다시 청정한 숲으로 돌아가려면 어떻게 해야 할까. 제 색깔과 자태와 향기로 서로에게 찬란할 수 있으려면 어떻게 해야 할까. 주위를 둘러보며 불안해하던 눈길을 지그시 내려 감고, 끊임없이 밀려오는 욕망의 소리들을 흘려보낸 채, 들어오고 나가는 숨결을 바라보기 시작하면 된다. 잠시 후, 숨이 부드러워지고 마음의 군더더기들이 사라져버리는 순간, 바로 그때 어디선가 불어오기 시작한다. 싱그러운, 숲의 바람이.

부모가 자신을 돌아보는 일은 매우 중요하다. 특히 부모가 자신의 마음을 살피지 못한 채 분노의 감정을 자녀에게 쏟아붓고 있다면, 그 부정적인 감정이 아이에게 끼치는 영향은 상상을 초월한다. 그것은 단순히 한 세대를 넘어 심리적 대물림으로까지 이어지기 때문이다.

"어릴 때 부모에게 혼나고 옆집 아이랑 비교당하는 것 때문에 내면에는 늘 열등의식과 나 자신에 대한 불신감이 있었다. 그런데 난 어느새 부모보다 더 심하게 내 아이를 야단치고 있었다."

이처럼 유난스럽게 자녀를 못 미더워 하고 간섭이 심한 경우는 부모 내면의 문제가 투사된 때문일 수 있다. 시집살이를 호되게 한 며느리가 시어머니 되면 잘하겠다고 생각하지만 막상 며느리가 들어오면 모진 시어머니가 되는 것처럼 말이다.

부모는 아이에게 잔소리하고 화를 내고 닦달을 하면서 다 자식을 위한 것이라고 위안을 삼는다. 그러나 그 말과 행동의 이면에는 부모의 욕구가 숨어 있다.

"같은 유형의 문제를 푸는데 둘째 아들이 계속 틀리는 것을 보니 울화가 치밀어 야단을 쳤다. 그리고 중간고사 공부를 건성건성 하고 있는 큰아들을 보자 더 이상 참을 수가 없었다. 그래서 '도대체 왜 그러니? 계속 그럴 거면 짐 싸서 나가!'라고 소리치고 말았다. 왜 그랬을까 돌아보니, 나는 아이들이 좋은 성적을 내서 자식 잘 가르쳤다는 소리를 듣고 싶은 엄마였다는 생각이 들었다."

엄밀히 들여다보면 자식을 위해서가 아니라 자신의 욕구를 위해서였던 것이다. 이처럼 자신의 마음을 들여다보기 시작하면, 문제의 원인이 부모에게 있고 아이를 있는 그대로 바라보지 못했다는 것을 알게 된다. 부모가 원하는 아이의 모습을 그려놓고 거기에 아이를 맞춰가려고 하기 때문이다.

마음은 흐르는 강물과 같다. 다만 우리의 생각이 마음을 붙잡고 놓지 않기 때문에 흐르지 않고 고여 있는 것처럼 느껴진다. 아이 때문에 화가 날 때는 거울을 들여다보라. 거울 속에 비친 자신의 얼굴이 조금씩 변해

가는 것을 발견할 것이다. 처음에는 마녀 같은 얼굴이었다가, 조금 심술 궂은 얼굴이었다가, 차츰 평온한 얼굴로 바뀌어가는 것을 말이다.

이처럼 감정은 흐른다. 머물지 않고 변화해간다. 그러나 우리의 생각은 아까 화가 난 상태에 머물러 '아이=내 속을 긁는 존재'라는 낙인을 자신의 마음속에 찍어버린다. 그러고 나면 아주 작은 일에도 아이의 행동에 민감해지면서 늘 못마땅하고 쉽게 짜증이 난다. 결국 이것은 아이 탓이 아니라, 부모의 마음이 순간순간 흘러가지 못한 탓이다.

"자식이 아니라 웬수야"라는 말을 달고 사는 사람은 자녀를 주의 깊게 관찰할 수 없다. 이미 낙인을 찍어버린 마음으로는 아이의 이면을 볼 수 있을 리 없고, 더구나 보이지 않는 것까지 느낄 수 없기 때문이다. 어른과 달리 아이의 마음은 어제에 머물지 않는다. 조금 전에 있었던 일에도 머물지 않는다. 그래서 방금 싸운 친구하고도 언제 그랬냐는 듯 시시덕거리며 장난을 치는 것이다. 이처럼 고여 있지 않고 맑게 흐르는 아이의 마음을 부모가 따라잡기는 어렵다. 이미 고정관념, 편견의 쐐기를 마음속에 많이 박아놓은 탓이다.

이 때문에 부모는 겸허해져야 한다. 맑은 아이를 거울 삼아 자신을 들여다보는 일을 게을리해서는 안 된다. 아이의 맑은 물이 부모가 던진 돌멩이에 흐려져서는 안 되니까 말이다. 자신도 모르게 혹은 자식을 위한다는 이름으로 던진 돌멩이에 아이는 평생 상처를 입을 수도 있다.

아이를 돕고 싶고 무언가를 주고 싶을 때도, 그것이 자녀에게 진정으로 도움이 되는지 잘 살펴야 한다. 가령 아이는 피곤해서 좀 처져 있는데 그것을 본 부모가 나름대로 해석해서 '음, 배가 고픈 모양이네' 생각하고는 음식만 잔뜩 먹이려든다면, 그것이 아이에게 도움이 되겠는가. 아이는 아이대로 답답할 것이고, 부모는 부모대로 정성껏 음식을 마련한 마음을 몰라주는 아이에게 서운할 것이다.

이때 중요한 것은 부모가 아이의 마음을 정확히 알려 하지 않고 나름대로 해석한다는 점이다. '내 자식, 내가 제일 잘 알지' 하는 마음이 오히려 벽이 되는 것이다.

이쯤 되면 부모 노릇 하기 참 힘들다, 싶을 것이다. 그러나 연애도 제대로 하려면 상대의 마음을 이해해야 하고 자신의 마음까지 잘 알아야 한다. 그렇지 않다면 잘못된 선택으로 평생 고통받지 않겠는가. 자식을 키우는 일은 더 조심스럽고 어렵다. 상처 주지 않고 잘 키우려면 자신의 마음 깊이 숨어 있는 욕심도 버려야 하고, 아이를 내 마음대로 하려고 고개를 들이미는 에고도 털어내야 한다. 그러나 위기는 또한 기회다. 인생에서 이만큼 진지하게 자신을 돌아보고 배우며 정신적으로 성장할 기회는 정말 드물다.

감정이 상했을 때는 산책을 나가는 것이 좋다. 열기가 가득한 공간에서 벗어나 한 걸음 한 걸음 내딛다 보면 어느새 어수선해졌던 마음이 흘러가 버렸음을 알 수 있다. 흔히 일하다가 아이디어가 떠오르지 않을 때도 산책을 하면 좋은 생각이 떠오르는 경우가 있다. 자기 안에 있는 잠재력이 어느덧 평온해진 수면 밖으로 솟구쳐 오른 것이다.

마음이 울적할 때는 그 감정에 사로잡히지 말고 털어내는 연습을 해야 한다. 마음은 고정된 것이 아니므로 스스로를 괴롭히려고 작정하지 않는 이상, 일부러 붙잡고 있을 이유가 없기 때문이다.

또한 화가 나서 마음이 요동칠 때는 생각을 멈추고 코끝으로 숨이 들어오고 나가는 것에 집중하자. 숨이 들어온다, 나간다 하면서 호흡을 관찰하는 것이다. 물론 화가 난 상태에서 생각을 멈추기가 쉽지 않겠지만, 연습을 하다 보면 마음이 요동치는 시간이 짧아지고 심장의 박동도 편안해진다. 바로 그때 향기로 피어오르는 것이 있다. 어느덧 싱그러워진, 나무 향내다.

    만일 내가 아이를 다시 키운다면
    먼저 아이의 자존심을 세워주고 집은 나중에 세우리라.
    아이와 함께 손가락 그림을 더 많이 그리고,
    손가락으로 명령하는 일은 덜 하리라.

    아이를 바로 잡으려고 덜 노력하고
    아이와 하나가 되려고 더 많이 노력하리라.
    시계에서 눈을 떼고 눈으로 아이를 더 많이 바라보리라.

    만일 내가 다시 아이를 키운다면
    더 많이 아는 데 관심을 갖지 않고
    더 많이 관심 갖는 법을 배우리라.
    자전거도 더 많이 타고 연도 더 많이 날리리라.
    들판을 더 많이 뛰어다니고 별들을 더 오래 바라보리라.

만일 내가 아이를 다시 키운다면
더 많이 껴안고 더 적게 다투리라.
도토리 속의 떡갈나무를 더 자주 보리라.
덜 단호하고 더 많이 긍정하리라.
힘을 사랑하는 사람으로 보이지 않고
사랑의 힘을 가진 사람으로 보이리라.
— 다이애나 루먼스 〈만일 내가 아이를 다시 키운다면〉

꿈이 있는 부모의 해피 바이러스

네잎 클로버의 꽃말은 '행운'이다. 나폴레옹이 들판에서 네잎 클로버를 발견하고 그 잎을 따려 고개를 숙인 순간 적의 총알이 스쳐 지나갔다고 해서 네잎 클로버는 행운의 선물로 여겨진다. 그 행운을 얻으려고 세잎 클로버들을 헤쳐가며 네잎 클로버를 찾은 기억이 누구나 있을 것이다. 그런데 행운의 네잎 클로버를 찾느라 밀리고 밟힌 세잎 클로버의 꽃말이 '행복'이라고 한다. 참 드물게 만나는 행운을 찾기 위해 행복을 짓밟고 다녔다니, 행복의 발견이 가슴 뭉클하다. 멀리서 행복의 파랑새를 찾아 헤맸지만 그 새는 내 집에 있더라는 이야기를 떠오르게 한다. 내가 놓치고 있는 행복은 그처럼 가까운 곳에 있는 것이다. 그렇다면 그 행복을 찾는 것도 그리 멀고 힘든 일은 아닐 것이다.

부모들에게 "꿈이 무엇이냐"고 물었다. 한참 생각한 끝에 내놓은 꿈은 색깔도 모양도 매우 다양했다.

"아파하는 청소년들의 이야기를 들어주고 싶다."

"바쁜 와중에도 우리 4남매와 참 많이 놀아주고 얘기를 나눠주신 아버지처럼 살고 싶다."

"잘 그리지는 못하지만, 그림을 그리는 그 시간만큼은 나 자신만의 세계에 몰입해 있다는 느낌이 들어서 좋다."

"자녀교육 강의를 들으면서 내 자신의 변화를 발견했고 마음이 뿌듯했다. 자녀교육 문제로 고민하는 사람들에게 좋은 이야기를 들려주는 강사가 되고 싶다."

"딸아이가 지치고 힘들 때, 마음 놓고 믿고 기댈 수 있는 첫 번째 사람이 되었으면 좋겠다."

"아이들이 잘 못해도 마음 편하게 해주는 선생님이 되고 싶다. 훈계와 질책보다 편안한 마음으로 기다려주는 선생님이 되고 싶다."

"아이들이 결혼을 하고 아이를 낳으면 손주들을 위한 동화를 쓰고 싶다."

"페루의 마추픽추를 보러 가고 싶다. 브라질의 거대 예수상, 그리고 체 게바라의 고향 아르헨티나까지."

이처럼 평소에 생각하고 있던 꿈을 이야기한 경우도 있지만 "그동안 전혀 꿈을 가져본 적이 없다" "꿈을 아예 잊고 있었다"는 대답도 많았다.

꿈이 있다는 것은 행복한 일이다. 꿈을 가진 사람에게는 열정이 있다. 목표 의식이 있기 때문에 생동감 있고 활기가 있다. 그 꿈이 무엇이든 말이다.

하지만 "내 일을 갖고 내 꿈을 이루려 하는 것이 아이에게 소홀해지는 것은 아닌가 걱정된다"는 엄마도 많았다. 그러나 꿈을 꾸고 실현하는 것은 자신의 잠재력을 펼치는 것이고, 그것은 가정에서도 이룰 수 있다.

아버지와 아들이 진지하게 체스 게임을 하고 있다. 함께 오락을 즐기면서 편안하게 대화를 나누고, 서로의 고민과 생각을 존중하며 이해한다.

메리 제인 셰퍼드는 평범한 주부였다. 그런데 그녀가 세상을 떠나자 지역사회가 슬픔에 잠겨 그녀를 추모했다. 그녀의 무엇이 사람들의 마음을 움직였을까. 메리는 늘 이웃을 초대하여 밥을 먹이고, 주방에 줄을 쳐서 그 집에서 식사한 이들의 이름을 한 명 한 명 종이에 적어 매달았다. 그리고 매일 그들을 위해 기도했다. 어느덧 천장은 만국기처럼 방문자들의 이름으로 가득했다. 메리를 통해 수많은 사람이 인정을 나누고 서로를 축복하는 지역공동체를 이루었다. 무엇보다 그녀 자신이 행복했다. 그리고 죽기 전 메리는 아들에게 이런 말을 남겼다.

"내가 이 지구상에 하러 온 일을 모두 해냈단다!"

메리는 평범한 주부로서 살림을 통해 사랑과 행복, 자신의 가치를 발견하고 그것을 실천했던 것이다.

이처럼 꿈은 어디서나 꿀 수 있고 무엇이든 이룰 수 있다. 꿈을 갖고 그것을 실천한다고 해서 당장 집 밖으로 나서야 한다거나, 직장을 갖거나 그만두어야 하는 것이 아니다. 중요한 것은 내 꿈이 무엇인지 생각해보는 것이다. 그 순간부터 마음에 한 줄기 시원한 바람이 불어온다. 자녀와 지나치게 밀착되어 짜증스럽고 조급했던 마음에 숨구멍이 틔게 된다. 아이의 인생과 부모의 인생을 분리하지 못하고, 자녀를 통해 꿈을 이루려는 욕망에 브레이크가 걸리는 것이다. 그러면 아이를 대하는 시선이 한결 여유로워지고, 닦달하던 말과 행동에도 변화가 온다.

꿈을 생각하는 것은 행복을 찾겠다는 것이다. 대상을 통해서 얻는 행복이 아니라, 자신이 마음으로 원하는 바를 통해 행복을 얻겠다는 것이다. 물론 아이를 위해 음식을 만들고 이야기를 나누며 헌신하는 것도 행복한 일이다. 아이에 대해 지나친 욕심을 버리고 아이와 함께하는 하루하루를 누릴 수 있다면, 부모의 마음은 이미 행복하다.

그렇지 못한 경우도 있다. 초등학교 들어간 아이의 공부를 뒷바라지하겠다고 직장을 그만둔 한 어머니는 처음에는 즐겁게 집 안을 꾸미고 행복해하더니 얼마 지나지 않아 짜증스러워하기 시작했다. 아이를 지켜보면서 못마땅한 것이 자꾸 눈에 띄었고, 아이의 학습 태도며 학교생활이 다 부족해 보였기 때문이다. 그럴 때마다 아이에게 잔소리를 했고, 아이는 아이대로 엄마에게 불만이 쌓여갔다. 그러다 다시 직장생활을 시작한 어머니는 늘 함께 하지 못한다는 생각에 아이를 바라보는 시선이 한결 부드러워져 아이와의 관계도 훨씬 좋아졌다.

이처럼 전업주부로서 아이를 돌보는 일이 힘들다면, 오히려 다른 일을 하면서 에너지를 분산하는 것이 나을 수 있다. 하루 종일 아이를 지켜보면서 아이의 일거수일투족을 감시하는 에너지를 돌려 자신의 일을 하고, 집에 돌아와 아이를 더 힘껏 안아주는 게 훨씬 나을 수 있다.

정말 하고 싶은 일이 있지만 현실적인 여건 때문에 그 일을 할 수 없는 경우도 있다. 그럴 때는 꿈을 이루기 위해 당장 큰 변화를 갖기보다 탐색의 시간을 갖는 것도 도움이 된다. 가령 교사가 되고 싶다면 방과 후 프로그램에 자원봉사를 하면서 그 일이 자신에게 맞는지 확인해볼 수 있다. 자신의 꿈이 막연하다고 생각된다면 가까운 주민센터나 문화센터 혹은 인터넷 등을 통해 정보를 찾을 수도 있다. 그리고 자신이 원하는 일에 조금씩 시간을 내어 그 일이 적성에 맞는지, 행복한지를 점검해보면 실패 확률도 줄이고 큰 변화에 따른 부담도 줄일 수 있다. 전적으로 아이와 함께 생활하든 자신의 일을 갖든 중요한 것은 부모가 행복해지는 것이다. 그래야만 아이도 행복한 공기를 호흡할 수 있다.

행복해지는 작은 실천

우리는 행복해지기까지 얼마나 먼 길을 가야 하고, 얼마나 오랫동안 기다려야 하는 걸까. 누구나 쉽게 행복을 말하고 누구나 행복하기를 바라지만, 정작 "나는 행복하다"라고 자신 있게 말하는 사람을 발견하기는 어렵다. 그렇다면 행복한 사람들의 특징은 무엇일까.

시사주간지 〈타임〉이 선정한 '2009년의 인물'이자 전 세계 금융계에 가장 큰 영향력을 가진 벤 버냉키 미국 연방준비제도이사회 의장이 "행복한 사람들의 특징은 고액연봉이 아니라 가족, 친구들과 많은 시간을 보내고 취미를 즐기며 자신의 삶을 통제할 줄 안다는 점이다"라고 말했다. 금융계의 거물도 인생을 행복하게 하는 데는 돈이 아니라 따듯함을 나눌

아버지와 함께 벼룩시장에 물건을 팔러 나온 남자아이. 핀란드 사람들은 검소하기로 유명하다. 핀란드 어디서나 벼룩시장과 중고가게를 쉽게 볼 수 있다.

수 있는 관계와 시간, 그리고 자기 수양이 필요하다고 말한 것이다.

다큐멘터리 〈행복〉에서도 행복해지는 방법이 그리 어렵거나 복잡하지 않다는 것을 보여주었다.

- 운동하기
- 화초 키우기
- 매일 감사한 일 쓰기
- 남에게 친절 베풀기
- 하루에 한 번 크게 웃기

그런데 정말 이처럼 아주 사소한 실천만으로도 행복해질까? 영국의 작은 마을 슬라우에서 주민 50여 명을 대상으로 행복 실천 실험을 했는데, 결과는 놀랍게도 주민들의 행복지수가 33퍼센트나 높아졌다.

아주 작은 실천만으로도 행복해질 수 있다는 것은, 우리가 그만큼 허황된 것에 휘둘려 제 발 밑을, 자기가 가진 소중한 것을 보지 못했다는 이야기이기도 하다.

심리학자 팀 카세는 "시간의 풍요가 물질의 풍요보다 우리를 더 행복하게 해줄 수 있다"고 말한다. 시간의 풍요는 개인적으로 의미 있는 활동을 하고 반성하고 여가생활을 할 수 있다고 느끼는 것을 말한다. 반대로 시간이 부족하면 끊임없이 스트레스를 받고 쫓기고 과로하고 뒤떨어져 있다고 느끼게 된다. 늘 "바쁘다 바빠"를 외치는 사람에게 5월의 꽃향기가, 가을날의 짙푸른 하늘이 가슴에 닿을 리 없다.

삶의 소중한 순간들을 놓치지 않으려면 여기저기에 에너지를 분산시키지 말아야 하고, 지금 이 순간을 가벼이 흘려보내지 말아야 한다. 한 땀 한 땀의 시간이 수놓아져 인생의 아름다운 십자수가 완성되는 것이다.

그렇다면 지금 이 순간을 소중하게 살아간다는 것은 어떤 것일까. 사랑하는 사람들과 시간을 보내거나 새로운 뭔가를 배우거나 직장에서 프로젝트를 맡아 즐거움과 의미를 느낄 때 혹은 좋아하는 무언가에 빠져 있을 때, 가치 있는 일에 자신을 던질 때, 우리는 행복한 삶을 살고 있는 것이다. 그리고 하루하루가 그러한 경험으로 채워질 때 인생은 행복했노라 말할 수 있는 것이다.

행복은 스스로 찾으려고 노력하는 사람에게, 눈 밝은 이에게만 섬광처럼 다가온다. 매일 아침 눈을 떴을 때 주위를 살펴보자. 오늘은 분명 어제와 똑같은 하루가 아니다. 나뭇잎은 어제보다 더 푸르러졌고 볕은 더욱 따뜻해졌다. 그리고 아이는 어제보다 손톱 끝만큼 더 자랐다. 지상의 하루를 건강하게 시작하는 아침, 주위를 둘러보고 하나하나에게 말을 걸어보자. "오늘 다시 만났구나. 오늘도 행복하게 잘해보자."

매일 밤 잠자리에 들기 전에 하루 일을 돌아보며 일기를 써보자. 어떤 말과 행동, 생각으로 하루를 보냈는지 살펴보는 것이다. 그 돌아봄의 시간은 자신을 겸허하게 하고, 내일을 새로이 꿈꾸게 한다. 특히 부모는 짧은 메모나 일기를 통해서 자신을 꼭 돌아보아야 한다. 자녀에게 미치는 영향력이 가장 큰 사람으로서 책임감을 가져야 하기 때문이다.

또는 그날 하루 동안 행복했던 일과 감사하는 일을 적어도 세 가지 이상 적어본다. 아이와 함께하며 즐거웠던 일, 이웃과 나눈 대화, 도움받은 일 등 무엇이든 상관없다. 그렇게 하루의 일을 돌아보면, 늘 숨쉬기에 공기의 소중함을 모르는 것처럼 자기 곁에 존재하는 모든 것에 감사하는 마음을 갖게 될 것이다. 그리고 그 마음은 자신뿐만 아니라 주위에까지 행복의 기운을 전한다.

공감하고 존중하는 '마음 나누기'

흔히 아이는 아무 생각이 없다고 여겨서 부모들은 아이의 생각마저 쥐락펴락하려 든다. 아이가 자기주장을 하면 고집이 세거나 말을 안 듣는다고 야단을 치기도 한다. 아이는 부모의 말대로 따라야 한다는 권위의식을 지니고 있기 때문이다. 그러나 아무리 어린아이라도 부모가 친절하게 이야기해주면 알아듣는다. 그리고 아이가 어떤 행동을 한 이유에 대해 물어보면 의외로 부모가 생각지 못한 아이만의 이유가 있다.

핀란드에서는 지하철이나 버스에서 아이가 울어도 절대 야단치거나 때리지 않는다. 울음을 그칠 때까지 기다려주고 따듯한 말로 달래준다. 이처럼 존중받고 자란 아이들이 커서도 다른 사람을 존중하지 않겠는가. 핀란드에서는 아이에 대한 '존중'이 특별한 것이 아니라, 나이와 상관없이 '인간에 대한 예의'로 당연하게 받아들여진다.

늘 숲속에서 침묵과 고요를 경험하는 정신적 깊이 때문인지 핀란드 사람들은 시끄럽게 수다를 떨거나 과장된 표현을 하지 않는다. 국가 청렴도 1위의 국가답게 거짓말을 잘 하지 않는 국민성을 자랑한다. 총리가 거짓말을 했다는 이유로 취임한 지 두 달 만에 해임될 정도다. 다른 나라에서는 상상하기 힘든 문화인데, 이런 사례들 덕택에 핀란드의 가치는 더욱 높아진다. 핀란드 사람들의 말과 행동, 그들이 만들고 파는 물건까지도 신뢰하게 된다.

거짓말을 잘 하지 않는 문화 탓에 상대의 말에 의심하지 않아 진솔한 대화가 이뤄진다. 가정, 학교, 직장 등에서 자신의 의견만 내세우지 않고, 아무리 작은 문제라도 자세히 살펴보며 이 문제와 관련된 사람들의 의견을 하나하나 듣는다. 또한 자신의 의견과 다르다고 화를 내는 모습도 볼 수 없다. 조용한 경청과 솔직한 대화 속에서 진지하게 합의를 찾아가는 것이다.

아이를 가장 힘들게 하는 사람은?

아이가 시험을 못 보면 늘 이렇게 말하는 아버지가 있다.
"너 그러다 노숙자밖에 될 게 없다."
아버지는 아이가 공부를 열심히 하기를 바라는 마음에서 한 말이겠지만, 그 말을 들은 아이는 잠재의식에 뿌리박힌 그 한마디 때문에 꼭 노숙자가 될 것 같은 불안감에 사로잡힌다. 그래서 아무리 공부를 하려고 해도 글이 눈에 들어오지 않고 늘 불안하다. 아이에게 정신 차리라고 한 말이 오히려 아이의 정신을 병들게 하는 것이다.

부모들은 아이에게 자극을 주기 위해서라며 부정적인 말을 던지곤 한다. 그러나 이 말이 여린 아이의 가슴에 어떤 모양으로 박힐지는 어른이 상상조차 하기 어려울 정도다.

공부와 관련해서 요즘 부모의 훈계는 일상이 되어버렸다.

"얼른 공부해. 너처럼 산만해가지고 나중에 대학은 가겠니? 요즘 세상에 대학 안 나와서 뭐 해먹고 살래?"

훈계가 상대의 행동이 바뀌기를 기대하고 타이르는 말이라지만, 흔히 부모들의 훈계는 미래를 담보로 조롱하고 윽박지르는 수준이다.

"너 그렇게 하다가는 쪽박 차기 십상이야"라는 말은 일종의 저주다. 이런 말을 긍정적으로 받아들여서 '그래, 거지가 안 되려면 열심히 공부해야지'라고 생각하는 아이가 있을까. 공부하기는커녕 부모가 험한 말까지 하면서 강요하는 공부가 더욱 싫어질 것이다.

사람은 누구나 스스로 생각하고 결정해서 행동하기를 바라는 본성이 있다.

"그렇게 알아서 하는 걸 좋아하면 진작 알아서 하지. 꼭 이런 말까지 하게 해"라고 불만스러워하는 부모도 있을 것이다. 그러나 아직 아이는 공부보다 더 재미있고 호기심을 느끼는 것들이 많다. 어른들도 해야 할 일을 앞에 놓고 드라마에 빠져 시간을 보내기도 하지 않은가. 그럴 때 남편이 "그저 드라마라면 사족을 못 쓰지. 그거 볼 시간에 신문을 한 장이라도 더 봐. 세상이 어떻게 돌아가는지도 모르고 무식한 소리 안 하려면"이라고 말한다면, 그 말을 듣고 고개를 끄덕이면서 '아, 맞아. 신문이라도 봐야 할 시간에 드라마나 보면서 시간을 죽여선 안 되지'라고 생각하겠는가.

아이는 여린 새싹과 같은 존재다. 바람에도 잘 흔들리고 거센 빗줄기에도 기가 팍 죽는다. 환경에 맞설 힘이 약하기 때문이다. 그처럼 여린 존재를 보호하고 보살펴서 잘 성장하도록 도와야 할 부모가 오히려 모진 바람이 되어 아이를 뒤흔든다면 아이는 무엇에 의지해서 뿌리 내리고 줄기를 키워갈 것인가.

"엄마는 만날 이거 해라 저거 해라 명령만 해요."

부모가 권위를 내세워 명령하는 것에 아이들은 불만을 느낀다.

'부모가 자식을 가르치느라 명령하는 건 당연하지, 별 게 다 불만이네' 하며 못마땅해하는 부모도 있을 것이다. 그러나 명령이 어떤 파장을 전해주는지 《물은 답을 알고 있다》에 나오는 재미있는 실험 결과를 살펴보자.

유리병에 물을 담고 글자를 인쇄한 종이를 병에 붙여 물에게 보여주었다. '사랑, 감사'라는 글자를 붙이자 완벽할 만큼 아름다운 결정이 나타났다. '고맙습니다' 또한 어느 나라 말이든 아름다운 결정을 볼 수 있었다. 그러나 '짜증 나, 죽여버릴 거야' 등 다른 사람에게 상처를 주는 말은 하나같이 결정을 만들지 못할 뿐 아니라, 마치 어린아이가 학대를 당하는 것처럼 보였다. '그렇게 해주세요'는 귀여운 모양이었는데, '그렇게 해!'라는 명령에는 악마처럼 일그러진 모양을 보였다.

물도 명령을 싫어해서 파괴적인 모습을 보이는 것이다. 우리가 일상에서 쓰는 말이 상대에게 어떠한 기운으로 전달되는지 심각하게 생각해야할 실험 결과가 아닐 수 없다.

그러나 초등학생 시기만 해도 아직 부모에 대한 애착이 크기 때문에 아이로서는 '권위, 명령'에 끌려가는 느낌이 들어도 크게 반항하지 않는다. 다만 그 순간을 모면하고 어떻게든 더 재미있는 곳으로 가고 싶을 뿐이다. 그러나 권위적인 훈육 방식은 아이가 중·고등학생쯤 되면 심각한 갈등을 낳는다. 바로 권위에 도전하며 독립 선언의 깃발을 치켜드는 '사춘기'라는 복병 때문이다.

중·고등학생 아이들에게 "너희를 가장 힘들게 하는 사람이 누구니?"라고 물었다. 아이들은 과연 누구라고 대답했을까. 대다수가 '엄마'를 꼽았다. 세상의 거친 풍파 속에서 등대가 되어주고 언덕의 큰 나무처럼 넉넉한 품으로 시원한 그늘이 되어주는 엄마가 아니라, 자식을 가장 힘들게 하는 존재가 엄마라니, 충격이 아닐 수 없었다.

"잔소리와 간섭이 심해서 힘들어요."

아이들이 하나같이 말하는 이유였다.

아동 체벌에 관한 충격 보고

많은 부모가 일상적으로 훈계를 하고 그래도 안 된다 싶으면, 매를 들기 시작한다. 그러나 체벌에 대해 연구한 결과는 충격적이다.

미국 뉴햄프셔대학교 사회학과 머리 스트라우스 교수는 '아동 체벌이 지능 발달에 부정적인 영향을 미친다'는 연구 결과를 발표했다. 스트라우스 박사는 2~4세 어린이 806명과 5~9세 어린이 704명을 대상으로 체벌 여부와 빈도를 조사했다. 그리고 조사한 때와 4년 뒤의 지능을 검사했다. 그 결과 체벌을 받은 아이는 그렇지 않은 아이에 비해 지능지수가 각

각 평균 5점과 2.8점 낮은 것으로 나타났다. 특히 체벌을 많이 받은 아이일수록 차이가 더욱 벌어졌다. 아동 심리학자 라힐 브리그스 박사는 "체벌은 아이들에게 스트레스를 준다. 이것은 뇌의 구조에 변화를 줘서 일부 신경 활동을 손상시킬 수 있다. 또한 체벌받은 아이들은 문제상황을 해결하는 방법이 때리는 것이라고 배우게 된다"고 충고한다

물론 아이에게 주의를 주고 타일러야 할 상황도 생긴다. 이럴 때는 부모가 그렇게 이야기하는 근거를 명확하게 밝히면서 아이를 이해시켜야 한다. 냉정한 얼굴을 하고 혼을 내는 것이 아니라 무엇이 왜 잘못됐는지를 납득시키고 명확한 이유를 알려줘야 한다는 의미다.

가령 게임에 푹 빠져 있는 아이에게 무조건 하지 말라며 혼을 내고 컴퓨터를 못하게 하는 게 아니라 왜 오랫동안 해서는 안 되는지를 차분하게 말해주는 것이다. 전자파의 유해나 바르지 못한 자세에서 오는 통증, 자신이 해야 할 일을 하지 않고 게임에만 빠졌을 때 책임감을 잃게 된다는 사실을 알려주어 아이가 납득하게끔 하는 것이다. 이처럼 하지 않고 강압적인 명령으로 통제한다면, 아이는 이를 힘의 논리로 받아들일 수 있다.

독립성이 강한 아이일수록 강압적으로 대하면 반발이 매우 클 수 있다. 화부터 내고 혼내는 것은 잠깐의 효과만 있을 뿐이다. 아이는 부모의 기에 눌려서 고분고분해진 듯이 보이지만 안으로는 분노의 감정을 간직하게 된다. 그래서 부모가 화를 내며 가르치려 한 내용은 남아 있지 않고 오직 기분 나쁘다는 느낌만 강하게 남는다. 그리고 이런 감정은 사춘기가 되면 폭발 정도가 심해진다.

아이의 잘못을 지적할 때는 아이의 자존심이 다치지 않도록 주의한다.

아이의 잘못된 행동만을 지적하는 것이 아니라 "넌 원래 그 모양이지" "왜 그렇게 못됐니?"라는 말로 자존감에 상처를 주면, 아이는 자신감을 잃고 불안해한다.

상가 건물 입구에서 한 엄마가 아이에게 큰 소리로 야단을 쳤다.

"너 어제 그렇게 혼나고도 아직 정신을 못 차렸어? 너 지금도 내 말을 귓등으로 듣고 있지? 엄마 말 안 듣고 대체 뭐가 될 거야."

그 엄마는 사람들이 엘리베이터를 타려고 모인 걸 보더니, 오히려 더 큰 소리로 한마디를 했다.

"여기 사람들이 다 듣지만, 너 이러다 깡패밖에 못 돼."

그 엄마는 사람들 앞에서 야단침으로써 아이가 정신을 차리게 할 작정이었을지 모른다. 아니, 사람이 있든 없든 화를 참지 못해서일 수도 있다. 그러나 중요한 것은 이때 상처받았을 아이의 마음이다. 엄마의 잔소리보다 남들이 보고 있다는 생각에 쥐구멍에라도 들어가고 싶었을 것이다. 아이는 뭐라고 변명을 하는데 웅얼거려 거의 들리지 않을 정도였다. 엄마를 화나게 하기 위해서 잘못을 반복한 것이 아니라 정서적으로 주눅이 들어 멍한 상태가 된 듯이 보였다.

이처럼 때와 장소를 가리지 않고 다른 사람이 보든 말든 아이를 야단치면, 아이는 자존심에 상처를 입게 된다. 조그만 아이가 무슨 자존심이냐고 생각할지 모르지만, 바로 그런 시선으로 아이를 바라보는 데서 문제가 깊어진다는 것을 알아야 한다.

아이의 인격을 존중하지 않고 부모의 마음대로 끌고 가려 할 때, 아이는 자신을 지키려고 끌려가지 않으려 버틴다. 힘겨루기가 시작되는 것이다.

대놓고 반항할 수도 있고 부모의 요구를 회피해서 문제행동을 반복할 수도 있다.

무모하게 서로 감정과 에너지를 낭비하는 일 없이 갈등을 해결하는 방법은 없을까. 그것은 부모가 아이의 인격을 존중하는 순간 바로 해결된다. 함께 문제를 풀어가는 파트너로 생각하고 손을 내밀 때, 아이는 인정해준 만큼 성장하고 의연하게 협상 테이블에 나선다. 아이를 끌고 가는 소 다루듯 하지 말고 파트너로 격상시켜보라. 그 순간부터 부모의 짐은 크게 줄어든다. 힘을 쓰지 않고 머리를 맞대서 함께 방법을 찾는 작전회의만 하면 되니까 말이다.

생각의 물꼬를 트는 열린 대화 습관

책이나 신문, 텔레비전을 보다가 아이가 궁금한 단어 등을 질문하면 귀 기울여 듣고 바로 대답해주는 것이 좋다. 바로 대답하기가 어렵다면 함께 책, 사전이나 인터넷을 찾아 문제를 해결한다. 아이가 궁금증이나 호기심을 갖는 부분에 부모가 적극적으로 반응하면, 아이는 재미와 흥미를 느껴 더 열심히 한다.

또한 질문은 아이 스스로 생각해보게 하는 좋은 방법이다. 대답을 하기 위해서라도 자신의 생각을 돌이켜보기 때문이다. 그래서 질문은 생각의 물꼬를 트고 생각의 길을 만드는 데 좋은 자극이 된다. 또한 아이의 생각을 알고 싶어 한다는 존중의 표현이 된다.

"넌 앞으로 뭘 하고 싶니?"

"네 꿈은 뭐니?"

이런 질문을 할 때는 말투나 표정이 중요하다. 질문의 내용과 달리 비꼬는 말투와 표정이라면 어떨까. 생각을 존중해주고 진지하게 경청하는 자세와는 거리가 멀게 느껴진다.

산타의 나라, 핀란드. 크리스마스 트리로 쓸 나무를 구하러 수북이 쌓인 눈길을 걸어온 아버지와 아들이 적당한 나무를 발견하고 만족한 듯 올려다보고 있다.

세상은 경쟁을 요구한다. 밟고 오르려고만 하지 아무도 귀 기울여 들어주지 않는다. 적어도 부모만큼은 아이의 생각을 묻고 들어주어서 아이가 자신의 가치를 발견하고 원하는 것이 무엇인지 알아갈 수 있도록 도와야 한다.

1부에서 방학을 앞둔 아이가 "이제 자유다!"라며 즐거워하자, 부모가 딱 잘라서 "네가 학교생활을 얼마나 했다고 벌써 자유 타령이야"라고 답했다. 어른의 생각을 집어넣기보다 아이의 생각에 좀더 귀 기울인다면 어떨까. 아이의 생각을 다시 물었을 때, 단절되었던 대화는 길게 이어졌다.

"자유란 굉장히 어려운 말인데, 어떻게 알았을까?"

"그냥, 잘 모르겠는데."

"초등학교 1학년이 자유라는 말을 쓰다니 놀라운걸."

"난 여섯 살 때부터 알았는데, 뭐."

아이가 으쓱해하며 말했다. 아주 오래전부터 알고 있었다는 자랑 섞인 대답이다.

"그럼 자유가 어떤 뜻이야?"

"자기 맘대로 하는 거."

"자유는 자기 맘대로 하는 거구나."

"응. 아니, 명령 없이 편안한 거. 음, 공부 없이 편안한 거."

대답이 술술 나온다.

"학교에서 공부하는 게 답답했던 거야?"

"응."

"뭐가 답답했니?"

"재미도 없어."

"그랬구나. 재미도 없고 답답했구나. 어떤 게 그렇지?"

"선생님은 칠판에 써주고 그냥 따라 쓰래. 재미없어."

"그럼 재미있는 시간은 어떤 게 있어?"

"응. 〈즐거운 생활〉은 그래도 재밌어. 만들기도 하고 그러거든."

"그래, 뭔가 만드는 게 재미있구나."

"응. 지난번에 과학축전에 가서 종이 로켓 만들었잖아. 그때 재미있었어. 난 만드는 게 좋아."

아이의 이야기에 귀 기울여 아이의 생각을 있는 그대로 알려고 해야 한다. 그러다 보면 아이의 생각과 관심들을 더 잘 알게 된다. 또한 아이가 학교에 부정적인 감정을 갖는다고 해서 빨리 적응하기를 바라는 마음에 아이의 마음을 부정하다 보면, 아이는 부모에게 학교에 대해서는 불편한 감정을 이야기할 수 없다고 여기기 쉽다. 부모가 단정적으로 자신의 생각을 강요한 순간, 아이가 더 이상 말을 잇지 않는 것을 보아도 잘 알 수 있다.

아이가 학교에서 느끼는 부정적, 긍정적 감정을 모두 이야기할 수 있도록 부모는 늘 아이의 말과 행동에 '옳다, 그르다'는 가치 판단으로 가르치려 들지 않는 태도가 중요하다. 오히려 더 이해하려는 마음으로 질문하면, 아이는 자신의 생각과 느낌을 더 잘 정리할 수 있게 된다.

이러한 대화 습관은 아이가 감정을 표현하는 좋은 촉매제가 될 뿐 아니라, 갈등이나 문제가 생겼을 때 대화상대로 부모를 가장 먼저 떠올리게 한다. 그러면 아이는 집을 가장 편안한 곳으로 여기고, 어떤 어려움도 부모를 통해 해결할 수 있다는 든든한 느낌을 갖게 된다.

대화는 정서적 교감을 나누는 동시에, 아이의 생각이 자랄 수 있도록 격려하는 과정이 되어야 한다. 또한 대화를 나누면서 아이는 생각을 확장시켜나가고, 긍정적인 자극을 받아 자신에 대해 더 잘 이해할 수 있다. 부모가 일방적으로 깨우쳐주는 것이 아니라 스스로 생각하고 대답하면서 자신의 생각과 감정을 더 잘 알게 되는 것이다.

열린 대화 습관은 아이의 표현력과 창의력을 키우는 데도 도움이 된다. 적절한 자극을 받은 아이는 아이디어를 떠올리고, 새로운 생각의 물꼬를 쉽게 틔울 수 있기 때문이다.

존중받는 아이의 무한한 가능성

대화를 나누며 공감할 때는 기분이 좋아지고 함께하는 사람과 보내는 시간이 소중하게 느껴진다. 그러나 상대가 내 이야기에 전혀 반응을 보이지 않고 자신의 생각만 고집하며 말을 가로막으면 우리는 벽을 느끼고 그 자리에서 벗어나고 싶어진다. 그것은 아이들이 부모와의 대화에서 느끼는 감정과도 같다.

흔히 부모는 아이를 가르쳐야 한다는 생각이 앞서서 아이의 생각이나 감정을 알려고 하기보다 당장 행동을 뜯어고치려는 욕심이 강하다. 그 때문에 아이들은 일방적으로 설득하려는 부모와 대화 나누기를 싫어한다. 부모를 논리적으로 설득할 힘이 부족해서 맞서 대꾸하기 힘들지만, 대화 방식에 대한 거부감 때문에 울며 떼를 쓰거나 일단 피하고 본다. 그러나 부모가 자녀를 인격적으로 존중할 때 아이의 행동은 달라진다. 자신의 생각을 자연스레 표현하고, 부모와 대화를 나누려 한다.

존중한다는 것은 그리 거창한 것이 아니다. 바로 '너는 소중한(훌륭한) 존재야'라는 시선으로 바라보고 대하는 것이다. 말로는 훌륭한 사람이라고 하면서 짜증나는 말투로 "너 언제 숙제할래" "너 청소 안 해?"라고 말한다면, 그것은 아이의 자존감을 깎아내리는 것이다. 집에 찾아온 손님에게, 이웃집 아이에게라도 그런 투로 말하겠는가.

"그럼 내 아이를 내 맘대로 야단도 못 쳐요?"라고 반발하는 부모도 있다. 그러나 바로 '내 맘대로'라는 표현 속에 아이를 내려다보는 시선이 고스란히 드러난다. 아이가 숙제를 하고 청소를 하도록 격려하고 돕는 것이 아니라, 그런 것 하나 제대로 안 해서 '나를' 신경 쓰게 만든다는 '나 중심'의 사고 말이다.

아이를 대등한 인격체로 존중하는 순간 아이들은 자존감이 생긴다. 아이가 성장하는 데 가장 필요한 것은 정서적 지지와 자존감이다. 자신을 소중하게 여기지 않는 아이가 자신을 위해 공부하고 자신의 미래를 위해 오늘을 계획하겠는가.

부모가 자녀를 존중한다는 것은, 자녀의 생각과 성장을 믿는다는 것이고 또한 그 믿음에 맞게 자유를 주는 것이다. '넌 아무리 해봐야 발전이 없어' '나아지는 구석이 없다니까' '너 하는 게 다 그렇지' '제 버릇 개 주나'와 같은 부정적인 시선으로 자녀를 바라보는 부모가 아이의 의견에 귀 기울이고, 아이의 선택을 존중하겠는가. 미덥지 않아서 사사건건 의견을 제시하고, "내 말대로 해"라고 윽박지르며 끌고 가려 할 것이다.

존중의 표현은 바로 아이에게 선택의 자유를 주는 것이다. "네 생각은 어떠니?" "넌 어떻게 하고 싶니?"라고 묻고, 부모의 생각대로 강요하지 않는 것이다. 사소하게는 입을 옷, 먹을 음식을 스스로 선택하게 하고, 함께 놀 때도 무엇을 어떻게 하며 놀 것인가는 아이의 선택에 맡겨야 한다. 스스로 찾고 스스로 선택하고 스스로 해결할 수 있는 기회를 많이 줄 때 아이의 창의력은 더욱 발달된다.

아이들은 자신의 행동을 인정받고 싶어 한다. 자신이 그린 그림, 블록으로 만든 작품, 학교에서 받은 칭찬 스티커 등을 흔들며 봐달라고 한다. 그럴 때 바쁘다며 '나중에'라고 말하지 말고, 그 순간을 아이와 함께하는 것이 좋다. 설거지를 하느라 텔레비전을 보느라 아이가 부를 때 무관심하면, 부모에 대한 신뢰가 떨어질 수 있다. 대화는 신뢰를 바탕으로 이루어진다. 상대가 나를 믿고 이해하며 존중해준다고 느낄 때 마음의 문을 여는 것이다.

바쁘다면 잠자리에 들기 전 몇 분 동안이라도 하루 동안 있었던 일과 아이의 감정들을 들어주는 것이 좋다. 아주 짧은 시간이라도 아이와 눈을 맞추고 아이의 이야기에 온전히 귀 기울이면, 아이는 자신의 의견과 감정을 존중받는다고 느낀다. 부모가 아이의 이야기를 진지하게 들어주면, 아이도 남의 이야기를 들을 줄 아는 사람이 된다.

가족이 함께 만드는 건강한 환경

핀란드에도 사교육은 존재한다. 다만 우리나라처럼 영어, 수학 등 성적을 올리기 위한 공부가 아니라 예체능 교육 위주이며, 아이와 부모가 함께 배우기도 한다. 가족이 취미를 공유하면 자연스럽게 대화가 많아진다. 핀란드 부모들은 자녀와 취미를 함께하는 방식으로 관계를 돈독히 하려 노력한다.

가족이 함께 건강한 환경을 만드는 데는 부모와 자녀 간의 대화와 존중이 가장 중요한 덕목이다. 우리나라에서도 좋은 공부습관을 가진 학생들을 보면 가정의 분위기가 남다르다. 대부분 가정에서 대화를 많이 하고, 부모가 자녀를 존중한다. 따라서 아이에게 주의를 주기에 앞서 부모 먼저 자녀가 본받을 만한 말과 행동을 하는지 스스로를 살펴야 한다. 가족이 함께 생활습관을 만들어가고, 가족회의 등을 통해 함께 문제를 해결해가면 아이들은 실천하는 힘을 얻을 수 있다. 또한 학습에서도 문제를 점검하고 해결하는 능력을 발휘할 수 있다.

일의 순서를 정하는 생활습관

부모와 아이가 생활습관을 함께 만들어갈 때, 부모가 아이에게 어떤 존재로 비치는지가 매우 중요하다. 부모는 아무렇게나 생활하면서 아이에게만 규칙을 지키라고 요구한다면 아이의 불만을 살 뿐이다. 또한 아이가 '부모는 하고 싶은 것을 못하게 막는 존재'라고 인식해서는 곤란하다. 오히려 아이가 하고 싶은 일을 하도록 지원하고, 혹시 어떤 일을 하지 않았을 때 나중에 후회가 되는 일이 없도록 도와주는 존재임을 알게 하는 것이 무엇보다 중요하다.

마감시간 지키기

하고 싶은 일을 처음부터 포기하는 것은 쉬운 일이 아니다. 하지만 재미있게 하고 있는 일을 중간에 멈추는 것은 더 어렵다. 아이도 부모가 반대하는 일을 오래 할 생각으로 시작하는 경우는 드물다. 잠깐 남는 시간을 활용하겠다는 생각으로 시작하지만 일단 재미를 느끼면 멈추지 못해서 계속하는 것이다. 결국 약속을 어긴 아이에게 부모는 그만두라고 닦달하고, 아이는 어떻게든 재미있는 걸 계속하고 싶어 한다.

흔히 이럴 때 부모와 자녀의 말씨름이 이어져 관계마저 나빠지는데, 이런 갈등을 해결할 방법이 있다. 초등학교 저학년 때부터 어떤 일을 하든

스톱워치를 맞춰놓고 알람이 울림과 동시에 하던 일을 멈추기로 하는 것이다. 그러면 아이들은 이를 놀이처럼 여겨 재미있게 실천하고, 또한 부모의 잔소리 때문이 아니라 스스로 절제력을 발휘했다는 자긍심도 갖게 된다. 아이가 알람에 맞춰 하던 일을 멈출 때, 부모가 잘했다고 칭찬하면 아이는 재미를 느끼고 습관으로 만들어간다.

우선순위 정하기

어떤 일을 하고 싶은데 그 일을 미루고 다른 일을 하는 것은 결코 쉽지 않다. 이때 가장 효과적인 방법은 자신이 해야 할 일의 순서를 정하는 것이다. 그렇게 되면 충동적으로 어떤 일에 매달리는 경향을 대부분 막을 수 있다.

부모와 자녀 사이에 "공부한 다음에 놀아라" "일단 놀고 난 다음에 공부할게요"라는 갈등은 이미 오랜 역사를 가지고 있다. 다음은 일의 우선순위를 정해서 실천하는 방법이다.

1. 해야 할 일과 하고 싶은 일을 아이가 판단해서 모두 적도록 한다.
2. 지금 꼭 해야 할 일과 나중에 해도 되는 일을 구분하도록 한다.
3. 먼저 해야 할 일이 무엇인지 아이 스스로 판단하고 표시를 하게 한다.
4. 하지 않았을 때 어떤 일이 생기는지 예상하도록 한다. 어떤 일의 중요성을 스스로 자각할 수 있게 하는 것이다.
5. 먼저 해야 할 일을 기준으로, 오늘 꼭 해야 할 일을 고른다. 중요성을 기준으로 순서를 정하도록 하면 된다.

핀란드 사회도 우리와 마찬가지로 아이들의 게임과 인터넷 중독성을 심각하게 고민하지만 여전히 집 밖에서 뛰어노는 아이들의 모습이 더 친숙하다. 부모들도 아이가 뛰어놀아야 건강하게 자란다며 최대한 밖에서 놀도록 한다. 마차를 쫓아가는 소녀들.

게임과 휴대전화에 중독되지 않는 법

요즘 아이들에게 가장 문제가 되는 것은 인터넷 게임 중독이다. 카이스트 학생들 중 상당수가 게임 중독에 빠져 학업을 포기하게 된다는 보도를 봐도 그 위험성이 정말 심각한 수준이라는 사실을 알 수 있다. 중독은 의도하지 않은 상태에서 서서히 진행되다가 어떤 분기점을 넘으면 의지만으로는 어떻게 해볼 수 없는 상태로 악화된다.

요즘 인터넷 게임을 하지 않는 아이는 거의 없다. 한국정보문화진흥원의 '2007년 인터넷 중독 실태 조사'를 보면, 만 9~12세 어린이의 11퍼센트가 중독에 이를 가능성이 높은 '잠재적 위험 사용자'로 분류됐다. 전문적 치료가 필요한 '고위험 사용자'도 1.5퍼센트나 됐다.

한번 빠져들면 돌이키기 어려운 것이 중독이기 때문에 미리 방지하려면 부모의 일관성이 필요하다. 허용되는 것과 되지 않는 것의 경계를 분명히 해야 한다. 그리고 사용 규칙을 만들었다면, 일관되게 지켜야 한다.

대부분의 부모들은 일단 게임의 맛을 보게 한 다음에 못하게 하느라고 전쟁을 치른다. '철이 들면 알아서 자제하겠지'라는 생각은 중독의 위험성을 모르고 하는 말이다. 중독은 일단 문제가 되기 시작하면 쉽게 통제되거나 관리되는 행동이 아니다. 대화와 설득으로도 해결되지 않는다. 오히려 이 문제에는 감성적인 접근이 필요하다. 정서적인 거부감을 갖도록 해서 스스로 기피하도록 만드는 것이다.

또 하나 기억해야 할 것이 있다. 게임 중독을 일으키는 1순위가 바로 공부 스트레스라는 사실이다. 학생들이 탐닉하는 일들을 분석해보면 다음과 같은 특징을 갖고 있다.

- 자신이 주도권을 쥐고 있는 일
- 자기 마음대로 할 수 있으며 그 결과가 금방 확인되는 일
- 마음먹기에 따라 결과를 뒤집을 수 있는 일

이것은 뭔가 자기 뜻대로 되지 않는 상황에 대한 반작용에서 중독 문제가 생긴다는 것을 말해준다. 결국 주위의 압력으로 높아진 공부 스트레스는 게임 등에 중독될 가능성을 매우 크게 만든다.

공부 스트레스에 대한 이야기를 하면, 부모들은 흔히 이렇게 이야기한다. "대체 부족한 게 뭐가 있다고 그렇게 농땡이를 치는지." "부모가 다 해주고 저는 그냥 공부만 열심히 하면 되는데, 뭐가 문제야."

물론 부모가 힘들게 공부했던 예전에 비하면 훨씬 편해진 게 사실이다. 모르는 건 학원이나 인터넷에서 척척 가르쳐주고, 자녀가 공부한다고 하면 부모들은 무리를 해서라도 뒷바라지를 해주려고 한다. 사달라는 참고서 다 사주고, 추우면 히터, 더우면 에어컨을 틀어주고, 컴퓨터 휴대전화니 척척 사준다. 자식을 위해서라면.

하지만 한편으로 생각하면 요즘 아이들이 공부하기가 결코 쉬워졌다고

만 할 수는 없다. 물질적 여건은 좋아졌지만, 정신적 부담감은 훨씬 커졌기 때문이다. 성적에 대한 압력이 높아졌고, 경쟁의 압박도 심해졌다. 그리고 예전에는 학생들이 다른 할 일이 없어 책을 봤다는 얘기가 있을 정도로 '공부' 외에는 신경 쓸 곳이 없었다. 그러나 지금은 주변의 온갖 환경과 매체들이 아이들을 유혹한다. 휴대전화에도 각종 게임 프로그램이 깔려 있어서 휴대전화를 들고 게임 삼매경에 빠지기도 한다.

아이들 교육에 심혈을 기울이는 핀란드에서는 휴대전화에 게임 프로그램이 없다. 학습능력을 무너뜨리는 게임 중독의 폐해를 잘 알기 때문에 아이들을 보호하기 위해 마련한 조치다. 핀란드는 청소년 보호정책이 잘 되어 있어서 아이들에게 유해한 환경을 철저하게 차단한다. 하지만 인터넷만큼은 제어할 수가 없어서 고민하고 있다.

우리 부모들은 초등학생이나 중학생인 아이에게 성적이 좋으면 게임기를 사주겠노라 약속하는 일이 흔하다. 일시적인 것에 불과할 성적을 위해 평생 어려움을 초래할 수도 있는 중독을 조장하는 것은 정말 심각한 혼동이 아닐 수 없다.

그럼 컴퓨터 게임 중독을 막으려면 어떻게 해야 할까. 가장 중요한 것은 건강한 여가 활동을 하는 것이다. 무조건 게임을 못하게 막는 것이 아니라 중독성 없는 건강한 활동들로 생활을 채워주라는 것이다. 운동과 여행 그리고 독서와 감상 같은 활동은 즐거움을 주지만 중독성은 거의 없다. 어릴 적부터 독서의 재미를 만끽한 학생들은 컴퓨터 게임을 시시해 한다. 운동을 즐기는 학생들은 컴퓨터 앞에 오래 앉아 있으면 답답하다고 한다. 야외 활동을 많이 경험한 학생들은 PC방의 분위기를 정말 싫어한다. 이런 예들이 중독 가능성을 원천적으로 차단한 경우다.

중독의 심각성을 정서적으로 느끼게 해주는 것도 필요하다. 말로 금지하고 행동을 통제하는 것보다 다양한 자료와 체험을 통해 스스로 거부감을 갖게 하는 것이 좋다.

"네가 게임을 좋아하는 거 알아. 근데 말이야, 그렇다고 몇 시간이고 계속 하다 보면 중독이 된단다."

"중독이 뭔데요?"

"그게 없으면 못 사는 거지. 온통 앉으나 서나 게임 생각만 하는 거야."

"난 안 그런데."

"중독이 된 사람도 처음에는 그냥 재미있어서 계속한 건데, 하다 보니까 자기 스스로 조절할 수 없게 된 거야. 안 하려고 해도 어느새 자기도 모르게 컴퓨터 앞에 앉아 있는 거지. 그 사람들은 하루 종일 게임만 하고 싶어서 밥도 먹지 않고 컵라면만 먹어. 잠자는 시간도 아까워서 잠도 안 자고 게임을 하지. 그래서 눈 밑이 시커멓고 귀신처럼 산단다."

그러면 아이들은 게임 중독에 대해 심각하게 받아들인다. 얼마 전 게임하느라 아이를 굶겨 죽인 사례가 있었는데, 그런 이야기를 해주면 "나도 게임 중독 싫어"라고 이야기한다.

"시간을 잘 지켜서 정한 시간만 하는 능력이 있으면 중독이 되지 않아."

그러면 아이는 신기하게도 자기 조절 능력을 보인다. "어느새 시간이 다 됐네"라고 하면 "네, 지금 꺼요"라며 바로 자리를 정리한다. 아이를 믿고 잘 설명해주면 아이는 스스로 조절한다. 이것은 욕구를 절제하는 능력으로도 연결될 수 있다. 아이 스스로 조절하지 못한다는 선입견을 갖고 화를 내거나 윽박지르면 아이는 자존감에 상처를 입고 그것을 잊기 위해 오히려 게임에 더 매달릴 수 있다.

> **TIP 컴퓨터 사용 규칙**
>
> 1. 거실과 같은 열린 공간에 컴퓨터를 둔다.
> 2. 반드시 제한 시간을 정하고 지키도록 한다. 그러나 아이가 컴퓨터에 빠져 있다고 해서 무작정 화를 내거나 야단치면 반발심을 갖게 되어 더욱 게임에 매달리는 악순환을 불러올 수 있다. 무엇보다 중요한 것은 아이가 스스로 조절할 수 있는 능력을 키워주는 것이다. 컴퓨터 사용 시간을 정하고, 시간이 되면 아이가 스스로 컴퓨터를 끌 수 있도록 격려한다. 사용 시간을 정할 때도 부모가 일방적으로 정하는 것이 아니라 자녀와 합의해서 아이가 스스로 조절하고 있다는 자긍심을 느끼도록 하는 것이 좋다.
> 3. 평소 여가시간에 즐겁게 할 수 있는 취미생활을 하면 중독 예방이나 치료에 매우 효과가 있다. 가족과 함께하는 운동이나 예능 활동이 있다면 아주 좋다.
> 4. 텔레비전과 같은 영상 매체보다는 가족이 함께 책 읽기를 생활화하는 것도 훌륭한 방법이다. 핀란드 사람들의 도서관 이용률은 세계 최고 수준이다. 늘 책을 가까이 하는 사회적인 분위기, 부모가 먼저 책 읽는 모습을 보이는 가정 분위기를 통해 아이들도 자연스럽게 책을 가까이 하는 것이다.
> 5. 컴퓨터 사용 시간과 이용한 내용을 적는 '컴퓨터 일지'를 마련해서 기록한다.

> 6. 약속을 잘 지켰을 때와 어겼을 때 어떻게 할 것인지 자녀와 합의해서 컴퓨터 옆에 붙여둔다.
> 7. 초등학생은 하루 30분에서 1시간 정도가 적당하다. 무작정 시간을 잘 지키라고 할 것이 아니라 알람시계 등을 이용해서 아이가 시간을 잘 지킬 수 있도록 돕는다.

행복지수를 높이는 가족회의

가족회의는 가족들 사이에 생기는 고민과 문제들을 함께 의논하고 해결하는 자리다. 특히 가족회의에서 자신의 의견을 잘 말하다 보면 아이의 언어능력과 논리력도 크게 좋아지기 때문에, 마음을 열고 이야기할 수 있는 분위기를 만들어주어야 한다.

보통 가족회의라고 하면 딱딱한 분위기가 되기 쉽다. 부모가 자기 할 말만 하고 아이들은 따라주었으면 좋겠다는 식의 독단적인 흐름이 될 수도 있다. 그렇게 되면 아이들은 회의에서 말을 하지 않게 되고, 학교의 조회시간처럼 지겨워할 수 있다.

가족 모두에게 도움이 되는 가족회의 시스템을 함께 만들어보자.

첫째, 텔레비전이나 핸드폰 등을 모두 끄고 가족 구성원에게 집중할 수 있는 분위기를 만든다.

둘째, 의사소통이나 감정 표현을 할 수 있는 도구를 준비한다. 즉 게시판이나 회의록을 만들어 서로 하고 싶었던 이야기를 쓰는 것이 좋다. 가족이 주고받은 내용은 훗날 추억의 기록이 될 수도 있다. 너무 딱딱하지 않게, 아기자기하게 마음을 표현할 수 있는 방법을 찾는다. 특히 아이가 낸 아이디어는 최대한 활용해서, 아이가 적극적으로 참여할 수 있게 한다.

셋째, 정기적으로 가족회의를 한다. 가족 간에 서로 기분 나빴던 일, 좋았던 일, 서로에게 바라는 점 등에 대해 이야기를 나눈다. 이때 중요한 것은 가족 간에 긍정적 에너지를 주고받는다는 것이다. 힐난하거나 비난하는 자리가 되어서는 안 된다.

넷째, 회의 시간은 즐거워야 한다. 부모가 일방적으로 자녀를 훈계하는 분위기에서는 대화가 이루어지지 않는다. 과자, 아이스크림 등 간단한 먹을거리와 함께 즐겁게 수다를 떨 수 있는 오붓한 자리가 되어야 한다.

다음은 가족회의에서 학년별로 '계획'을 어떻게 발전시켜나갈 것인지를 활용한 내용이다.

안건은 가족 구성원 누구나 무엇이든 낼 수 있다. 각 가정의 상황에 맞게 다양한 안건으로 가족회의를 진행해보자.

1단계 : 초등 1~2학년. 기다려지는 시간

가족회의가 기다려지는 시간이 되도록 해야 한다. 특별한 간식을 준비하는 것도 좋다. 맛있는 간식을 먹으면서 자신이 하고 싶은 일을 마음껏 건의할 수 있는 시간으로 일단 시작하면 쉽게 정착된다. 부모와 아이가 즐겁게 합의할 수 있는 가족 여행이나 가족 단위의 체험학습 프로그램, 휴일이나 방학 즐겁게 보내기 등을 안건으로 삼으면 된다.

부모는 아이의 의견을 적극적으로 수용하고, 논리적으로 설득하는 일은 피한다. 부모도 반대 의견을 낼 수 있지만 최종 의사결정 과정에서는 아이의 손을 들어주는 것이 중요하다. 가족회의를 정착시키기 위해 한발 양보한다고 생각한다.

2단계 : 초등 3~4학년. 유쾌한 추억의 시간

가족회의를 통해 지난 일주일을 돌아보는 시간을 가지면 크게 도움이 된다. 아래와 같은 화제로 자연스럽게 대화해본다.

- 기분이 좋았을 때와 나빴을 때를 기억해보고 그 이유를 말한다.
- 계획한 대로 잘된 경우와 그렇지 못한 경우를 기억해보고 그 이유를 말한다.
- 지난 일주일 동안 가장 기억에 남는 일은 무엇이고, 왜 기억에 남을까, 그 이유를 말한다.

성공한 사람들의 공통점은 바로 자신의 생각이나 감정의 변화가 왜, 어떻게 일어나는지 잘 알고 있다는 점이다. 아직 기억에 남아 있는 일상을 되돌아보는 과정을 거치면 자신에 대해 더 많이, 더 깊이 이해할 수 있다. 이것은 운동선수가 자신의 경기 장면을 녹화해서 보는 것과 같다. 그리고 지난 일주일을 되돌아보면서 고민을 털어놓고 자신을 되돌아보는 시간을 갖게 하면 행동과 감정을 조절하는 능력을 기르게 된다.

3단계 : 초등 5~6학년. 자유를 계획하는 시간

본격적으로 계획하고 실천하는 과정을 가족회의에 도입해야 할 시기다. 가족회의를 시작하기 전에 구체적인 계획을 세운다.

낭비한 시간을 구체적으로 찾아내기

각종 다이어리에서 복사하거나 양식지를 만들어 하루 24시간, 일주일 동안 각 시간별로 자신이 한 일을 적어보게 한다. 그리고 무엇을 했는지 제대로 기억하지 못하는 시간을 체크하도록 한다. 시간이 부족해서가 아니라 낭비한 시간이 많기 때문에 문제가 된다는 점을 깨닫게 한다.

해야 할 일과 하고 싶은 일 기록하기

다음 일주일 동안에 자신이 하고 싶은 일과 해야 할 일을 모두 자유롭게 나열해보도록 한다.

우선순위를 생각하고 할 일 정하기

시급성(때를 놓치면 안 되는 정도)과 중요성을 기준으로 우선순위를 정하게 한 다음 최종 선택을 하도록 한다.

마감시간을 정해 시간표에 반영하기

하루 24시간, 일주일이 모두 표시된 양식지에 자신이 할 일을 기록한다. 낭비하는 시간을 최대한 활용하도록 유도한다. 특히 하고 싶은 일은 마감시간을 분명히 정해 눈에 잘 띄도록 기록한다.

핀란드에도 사교육은 존재한다. 우리와 다른 점이 있다면 핀란드 부모들은 예체능을 주로 가르친다. 정서적 안정과 문화적 경험을 많이 제공하기 위해서다. 테니스, 승마를 배우는 어린 소년들의 표정이 해맑다.

실천 가능성에 대한 판단과 준비사항 점검하기

지난주에 제대로 실천하지 못한 일은 무엇이며 원인은 무엇인지 생각해보도록 한다. 다음 주 계획 중에서 실천하기 어려운 것은 무엇이며 어떻게 하면 실천 가능성을 높일 수 있는지 생각하고 기록하도록 한다.(예를 들면 휴대전화는 공부를 시작할 때 반드시 엄마에게 맡겨둔다, 컴퓨터를 시작할 때는 반드시 마감 시간에 알람이 울리도록 한다.)

일주일 동안 자신이 한 일을 한눈에 보면서 낭비한 시간을 찾아보도록 한다. 그 다음에 어떻게 하면 낭비한 시간을 제대로 활용할 수 있는지 생각해본다. 주말에 이벤트를 마련해서 기다리는 즐거움을 주는 것도 좋다. 주중에 계획한 대로 열심히 실천하는 데 필요한 동기부여로 매우 효과적이다. 또한 계획대로 실천하는 데 방해 요인은 없는지, 예방법으로 무엇이 적합한지 함께 궁리해본다. 그리고 욕심을 내지 않아야 성취감을 맛보며 한 단계 한 단계 발전해나갈 수 있다.

학부모 주의사항

- 계획을 세우는 과정에서는 적극적으로 조언한다. 하지만 실천과 관련해서는 도움이 필요한 부분을 미리 묻고, 도움을 청한 것 외에는 자녀에게 모든 것을 맡긴다.
- 계획한 대로 하지 못한 것에 대해 그때그때 지적하는 것은 절대 금물이다. 기록했다가 주말 가족회의 시간에 얘기한다.
- 잘못한 것을 지적하기보다 조금이라도 노력한 것을 칭찬하고 격려한다.
- 실천하지 못한 결과만을 추궁하는 것이 아니라 원인은 무엇이며 어떻게 하면 예방할 수 있는지 적극적으로 생각해보고 조언한다.

가족회의를 정기적으로 한다는 것은 결코 쉽지 않은 노력이다. 하지만 가족회의를 꾸준히 하면 가족의 에너지를 한곳에 모을 수 있고, 문제해결 능력을 키울 수 있다. 사소하게는 생활습관부터 생활 계획 세우기, 나아가서는 자녀의 대학 진학이나 취업 문제도 힘을 합쳐서 해결할 수 있다.

핀란드에서는 아이부터 어른까지 가장 많이 하는 말이 '협동'이다. 그 협동의 힘으로 교육과 국제 경쟁력에서 탁월한 힘을 발휘하고 있다. 가족도 서로를 존중하며 함께 머리를 맞대면 어려운 문제도 쉽게 해결할 수 있다. 개인이 아니라 가족의 힘이 모이기 때문에 아이디어도 더 많아지고, 추진력도 강해진다.

첫 발걸음에서 욕심내지 말고, 가족이 함께 모여 서로의 이야기에 귀 기울이는 것에서 가볍게 출발하도록 한다. 이때 부모가 가르치려는 마음을 내려놓고, 아이를 협상 파트너로 생각하면 잘 진행될 수 있다. 안건을 올리고, 함께 고민하고, 함께 문제를 풀어가는 과정에서 서로를 더욱 깊이 이해할 수 있다. 그리고 각자의 몫에서 무엇을 해야 할지 생각하고, 꿈과 목표를 세울 수 있다.

혼자가 아니라 함께여서 좋은 것이 가족이다. 사랑으로 맞잡은 손에서 체온과 힘을 느끼며 가족은 함께 성장할 수 있다. 아이의 성장을 격려하면서, 권위와 욕심을 내려놓는 사이 부모 역시 마음의 키가 훌쩍 커 있음을, 어느 순간 행복하게 발견할 것이다.

핀란드의 경쟁력, 이야기 대화법

핀란드 사람들은 타인의 말을 잘 경청하며, 남의 말을 끊고 끼어드는 법이 없다. 서로의 말을 존중하고 타인의 의견과 제안을 신중하게 고려한다. 단지 가정만이 아니라, 학교, 기업 등에서도 이처럼 평등한 대화가 이루어진다. 그래서 핀란드 기업은 불필요한 명령이나 권위 때문에 시간을 낭비하는 일이 없다. 아이디어가 조직 전체와 최고경영자에게 신속하게 전달될 만큼, 권위적이지 않고 수평적인 관계이기 때문이다.

이처럼 서로 존중하며 대화하는 핀란드에서는 '이야기 대화법' 형식을 잘 활용한다. 이야기 대화법은 자기 생각을 이야기 형식으로 표현하는 것으로, 이야깃거리와 종이, 펜만 있으면 된다.

아이가 이야깃거리가 있을 때 부모는 이렇게 말해준다.

"하고 싶은 이야기를 하렴. 그럼 내가 받아 적을 거야. 이야기가 끝나면 큰 소리로 읽어줄게. 그런 뒤 원하면 그 이야기를 바꿀 수 있단다."

그리고 다음과 같은 4단계를 거친다.

1. 이야기한다.
2. 말하는 대로 받아 적는다.
3. 써놓은 이야기를 읽는다.
4. 이야기한 사람이 원하는 대로 수정한다.

이야기 대화법을 할 때 청자(듣고 기록하는 사람)는 화자(말하는 사람)가 말하는 도중 끼여들거나 이야기 내용을 예단해서는 안 된다. 화자는 스스로 무엇을 어떻게 이야기할지 결정하고, 할 이야기와 하지 말아야 할 이야기를 결정할 수 있어야 한다.

연구 조사 결과에 따르면, 이야기 대화법을 통해 의사소통 문화가 점진적으로 발전해 민주적 인간관계를 형성한다는 것이 밝혀졌다. 이러한 변화는 광범위한 효과가 있다. 과묵한 사람도 말할 기회를 갖게 되고, 말이 많은 사람은 들을 수 있는 기회를 갖게 된다. 그리고 이야기 대화법을 통해 서로를 더 잘 알게 된다. 나아가 다른 문화와 생활방식을 더 많이 이해할 수 있다. 핀란드 아이들과 레바논, 이라크, 스리랑카의 아이들이 자신들의 이야기를 편지로 주고받는 것을 예로 들 수 있다.

이야기 대화법은 20여 년 넘게 북유럽 국가 등 많은 나라에서 사용해왔다. 특히 핀란드에서는 가정, 학교, 병원, 직장 등 다양한 분야에서 활용하는데, 모든 분야에서 좋은 결과를 가져와 사회적으로 인정받고 있다.

우리의 경우 특히 다음과 같은 경우에 활용하면 효과가 크다.

1. 부모가 화가 나는 상황이 발생해서 일방적으로 쏟아붙이고 싶은 욕구가 생길 때
2. 평소 아이와 대화가 거의 없고 일방적으로 훈계하거나 설득하는 것이 습관처럼 굳어진 경우
3. 아이의 언행에 대해 뭔가 궁금한 것이 있지만 아이가 말문을 닫아 답답해진 상황

단계	기대 효과
1단계 주로 아이들이 엄마에게 이야기하기	부모가 일방적으로 말하는 것이 아니라 아이의 말을 듣겠다는 의지를 쉽게 전달할 수 있다. 부모 주도의 일방적인 훈계나 타이름을 예방하는 효과가 있다.
2단계 부모가 아이의 이야기를 받아 적기	부모가 받아 적는 것을 보면서, 아이는 자신이 할 말을 스스로 생각해보고 신중하게 말하게 된다. 감정의 개입이나 부정적인 이야기를 스스로 제어하도록 만드는 효과가 있다.
3단계 부모가 받아 적은 것을 아이에게 읽어주고, 수정 사항이나 추가 의견이 없는지 확인하기	부모는 이야기를 받아 적는 과정에서 아이의 이야기를 정확히 이해하게 된다. 아이는 자신의 의견이나 생각을 말하기 전에 상대방의 입장이나 생각을 보다 정확하게 이해하는 계기가 된다. 부모는 아이의 이야기를 듣기 전에 가졌던 생각이나 감정이 순화되는 경험을 한다.

4단계	부모가 받아 적은 것을 읽어주는 과정에서 아이는 자신의 생각을 되돌아볼 기회를 갖는다. 또한 자신의 이야기를 일방적으로 하는 것이 아니라 그 이야기를 중심으로 대화가 진행되는 과정에서 상대방에게 호의를 갖게 된다. 결과적으로 부정적인 생각은 걸러지고 처음의 생각을 긍정적으로 수정하게 된다. 한 번 말했던 것을 기록한 상태에서 다시 들으면, 처음 말했을 때보다 깊이 생각하게 되고 신중해진다.
아이가 자신의 생각을 다시 들으면서 수정 사항이나 추가 의견 말하기	

아이가 성적표를 몰래 숨겨두었는데, 그것을 우연히 부모가 보게 되었을 경우를 적용해보자. 보통은 화가 난 부모가 일방적으로 아이를 야단치고 "다음에 또 그러면 가만두지 않을 거야"라는 최후 통첩으로 상황이 끝날 가능성이 매우 높다. 아이는 왜 그런 행동을 했는지, 자신의 행위에 대해 설명할 기회조차 갖지 못한 채 부모에게 일방적으로 당할 가능성이 매우 높은 것이다.

그럴 경우 아이들은 부모가 야단치는 것을 수긍하고 반성할까? 부모의 바람과 달리 그럴 가능성은 거의 없다. 오히려 일방적으로 야단치는 부모에 대해 반감을 키우게 되고, 문제가 생기면 늘 갈등하는 빌미를 쌓아갈 뿐이다. 하지만 이야기 대화법을 적용하면 상황은 달라진다.

단계	기대 효과
1단계 엄마에게 하고 싶은 이야기하기!	우선은 아이가 이야기할 수 있는 기회를 분명하게 보장한다. 아이 "사실 처음부터 성적표를 숨기려고 했던 것은 아닌데 갑자기 엄마의 화난 모습을 보고 덜컥 겁이 나서 나도 모르게 숨기게 되었어요!"

2단계 부모가 아이의 이야기를 받아 적기	아이의 말을 받아 적으면서 아이의 생각을 정확하게 이해할 기회가 생긴다. 그러면서 부모의 생각에 변화가 생긴다. 성적도 성적이지만 자신을 속이려 했다는 생각에 화가 났다는 것을 알게 된다. 그리고 아이의 이야기를 들어보니 의도적으로 속이려 했던 것은 아니라는 생각에 다소 화가 누그러진다.
3단계 부모가 받아 적은 것을 아이에게 읽어주고, 수정 사항이나 추가 의견이 없는지 확인하기	부모는 아이가 한 말을 다시 읽어주고, 아이는 자신의 생각을 다시 듣는 과정에서 미처 말하지 못한 부분을 추가한다. 그리고 부모의 태도를 보면서 나름대로 자신의 잘못을 반성하게 된다.
4단계 아이가 자신의 생각을 다시 들으면서 수정 사항이나 추가 의견 말하기	아이가 추가한 이야기 "계속 숨기려고 했던 것은 아니에요. 기회가 되면 보여드리려고 했는데 깜빡 잊고 지금까지 오게 되었어요. 앞으로는 절대 그러지 않고, 열심히 공부해서 엄마 실망시키지 않도록 할게요."

이야기 대화법을 적용한 결과 부모 역시 많이 달라졌다. 아이에 대한 이해가 부족했음을 알고, 화를 냈던 점에 대해 반성하게 된다. 열심히 하겠다는 아이의 말을 들으면서 야단을 치기보다는 격려하는 게 좋겠다고, 긍정적으로 반응하게 된다.

이야기 대화법을 활용할 때 다음의 주의사항만 지키면 자녀와의 의사소통이 획기적으로 개선된다. 부모와의 갈등 때문에 아이들의 잠재력이 죽어가는 현실에서, 대화를 통해 갈등을 풀어낼 수 있다면 가정이 밝아지고 아이들의 학습의욕도 높아질 것이다. 아이는 원활한 의사소통을 통해 긍정적인 에너지를 받고, 잠재력을 살리는 힘도 얻게 된다.

주의사항

① 처음에는 아이가 부담 없이 편하게 이야기할 수 있는 것부터 시도한다. 그 과정에서 부모가 아이의 어떤 이야기라도 친절하게 받아 적는다는 사실을 인식시켜야 한다. 자녀를 압박하는 분위기에서 "받아 적을 테니까 말해봐"라는 식이면 안 된다. 먼저 아이가 하고 싶은 이야기를 거리낌 없이 할 수 있는 분위기부터 만들어야 한다.

② 아이가 말하고 있을 때 절대 끼여들면 안 된다. 말도 안 되는 소리를 한다는 느낌이 들어도 말하는 그대로 받아 적어야 한다. 이때 표정의 변화가 있어서는 안 되며, 어떤 이야기라도 진지하게 받아 적어야 한다.

③ 먼저 받아 적은 이야기를 읽어주고 나서 자유롭게 자신이 한 말을 수정할 수 있도록 해야 한다. 부모가 어떤 의도를 가지고 유도한다는 느낌을 주면 절대 안 된다. 아이가 먼저 한 말에 대해 부모가 판단하거나 어떤 의견이 있음을 내비쳐서도 안 된다.

아이와 의사소통이 잘되면 공부 문제는 사실 무척 간단해진다. 부모와 서로 협력하는 학생들을 상담해보면 분명 다른 점을 확인할 수 있다. 아무리 어려운 상황이라도 부모가 지지할 것이라는 믿음이 주는 심리적 안정감, 자신을 믿고 지지해준 부모를 실망시키지 않겠다는 의욕, 부모가 흔쾌히 동의한 자신의 꿈을 이루고야 말겠다는 열정 등이 보인다.

'갈등하면 모든 것을 잃지만 소통하면 모든 것을 얻게 된다'는 말이 있다. 이 말을 마음속에 새기면 자녀교육을 위해 부모가 해야 할 가장 소중한 역할이 무엇인지를 잊지 않게 될 것이다.

핀란드
가정 통신
04

직접체험 교육 중요시

핀란드 부모들은 책을 통한 간접경험도 중요시하지만 못지않게 직접 체험 교육도 강조한다. 핀란드 학교에는 주요과목이 따로 정해져 있지 않다. 우리는 국영수가 상대적으로 다른 과목보다 중요하지만, 핀란드는 환경이나 공예 등의 과목도 수학이나 영어만큼 중요하게 가르친다. 오히려 아이들은 실생활과 밀접하게 연결된 과목들에 더 열광한다.

현장학습도 많이 이루어진다. 한 예로 부모의 일터를 방문하는 수업도 있다. 부모들도 적극적으로 현장학습에 협조한다. 우리 딸도 지난 학기에 같은 반 친구의 부모가 근무하는 마이크로소프트사와 국회를 단체로 방문하여 현장 체험학습을 했다. 다른 부모의 주선으로 대형 마트를 방문하여 그곳에서 분주히 땀 흘리며 일하는 사람들의 삶을 지켜보기도 했다.

핀란드 사회에는 직업의 귀천이 없다. 아이들에게도 화이트 컬러의 직장만 보여주지 않고, 다양한 직업군을 두루 경험하게 한다. 폭넓은 경험은 아이들이 훗날 편견 없이 직업을 선택하는 데 큰 도움이 된다.

내가 핀란드의 교육과정을 알아보면서 굉장히 특이하게 느낀 것이 하

헬싱키에서 열린 삼바 축제에 참여한 아이의 표정이 꽤 진지하다(왼쪽). 어릿광대로 분한 아이들이 관광객에게 지역을 안내하는 모습도 흥미롭다(오른쪽). 핀란드 아이들은 이런 지역 행사에도 적극 참여하여 사회성과 책임감을 기른다.

나 있다. 누구나 중학교 3학년이 되면 자신이 원하는 직업에 해당하는 미래의 직장을 찾아가 실제로 직원이 돼서 몇 주간 근무해보는 것이다. 이런 경험을 통해 아이들은 고등학교 진학 때 자신의 적성을 잘 이해하고 진로를 고려해서 인문계나 직업학교를 선택한다. 현장 직업 체험은 대학에서 전공을 결정할 때도 유용하다.

다양한 체험을 통해 핀란드 학생들은 미래 직업과 관련된 진로를 선택할 때 부모의 의견이나 간접경험에 의존하기보다 자신의 경험에 기초하여 스스로 결정한다. 그런 만큼 전공과 직업에 대한 만족도가 매우 높다.

"말을 물가까지 데려갈 수는 있지만, 물은 말이 스스로 마셔야 한다"는 말이 있다. 나에게 핀란드 부모들은 마치 말을 좋은 물가로 인도하는 책임을 완수한 후, 말이 목이 말라 스스로 물을 마실 때까지 옆에서 조용히 기다리는 현명한 마부와 같아 보인다.

■ 에필로그

나의, 우리의 어린왕자

  촉촉한 자양분 속에서 싱싱하게 자라야 할 우리 아이들의 땅은 안타깝게도 사막이다. 사랑받고 존중받으며 밝게 자라야 할 아이들이 사막에서 길을 잃었다. 그 삭막한 교육현실은 아이들의 목소리에서 생생하게 확인할 수 있었다. 지난 교육감 선거를 앞두고, 촛불이 일렁이는 광장에서 아이들은 울먹이고 있었다.

  "학교에서 선생님이 공부 못한다고 인간 취급도 안 해요. 반 평균만 깎아먹는 놈이라고요."

  "제 꿈은 작가인데, 성적이 좋다고 부모님이 의대에 가래요. 왜 제 꿈을 부모님이 대신 꾸는 거죠?"

  대한민국에서 아이들은 성적이 좋든 나쁘든 고작 도구에 불과했다. 부모의 꿈을 이루어주는 도구, 1등 반을 이끄는 능력 있는 선생님의 명예를 드높이는 도구. 아이들은 도구로서 어른들의 기준에 맞춰 평가받고 있었다. 그리고 그 기준에서 벗어나면, '쓸모없다'며 단칼에 베이는 고통과 수모를 겪어야 했다.

그 아이들의 가슴에 평생 새겨질 상처를 본 뒤 대한민국의 교육에 대해 참담한 심정이었다. 그 아이들의 눈물이 가슴에서 지워지지가 않았다. 그때 따뜻한 울림으로 들려오는 목소리가 있었다.

"우리 모두는 함께 가는 거야."

"네가 하고 싶은 일을 꿈꾸렴."

우리에게 그리 익숙하지 않은 북유럽의 핀란드. 하얀 눈과 산타클로스가 연상되는 추운 나라. 헌데 그곳에서 따뜻한 희망의 목소리가 들려온 것이다.

'PISA에서 3회 연속 1위를 한 나라.'

단순히 학업능력이 좋은 나라인가,라고 여겼던 그 성취도의 배경에는 부러운 힘이 숨어 있었다.

'아이들의 개성과 재능을 존중하고, 아이마다 다른 공부 속도를 인정하며, 학습능력이 떨어지는 아이들을 오히려 더 살피고 함께 갈 수 있도록 배려하는 교실.'

'아이들이 실컷 뛰어놀고 푹 잘 수 있도록 따뜻하게 보살피는 가정.'

아이를 야단치기보다 격려하고, 함께 어우러지고 협동하는 법을 중요하게 여기는 공동체의 힘이 살아 있었다. 무엇보다 아이를 바라보는 시선이 근본적으로 남달랐다.

"아이에게는 문제가 있는 것이 아니라 아직 배우지 않은 기술이 있을 뿐이다."

핀란드의 교육 기술인 '키즈 스킬(완자 스킬)'의 철학이다. 우리는 흔히 아이에게서 부족한 점을 발견하면 문제 있다며 야단치고 고치려 들기 바쁘다. 그런데 핀란드는 아이에게 문제가 있어서가 아니라 단지 아직 해결 방법을 배우지 못했을 뿐이므로 가르치면 된다고 믿는 것이다. 배움으로 이끄는 따듯한 격려가, 아이를 존중하는 마음이, 인간의 성장에 대한 예의가 감동으로 다가왔다.

어른을 키우는 아이

햇살 속을 비행하다 사막으로 곤두박질 친 뒤 비행기를 고치느라 마음이 바쁜 내 앞에 한 아이가 나타났다. 그리고 그 아이가 최초로 건넨 한마디는 이랬다.

"양을 그려줘."

'살기 위해서는 서둘러 비행기를 고쳐 떠나지 않으면 안 되는데, 태평하게 양이나 그려달라니.'

그것이 어린왕자와 맞닥뜨린 '나'의 첫 마음이었다. 햇살 속을 날고 싶은 욕망으로 마음이 바쁜 탓에 아이가 던진 한마디는 그저 엉뚱하고 귀찮을 뿐이었다. 그러나 그 한마디는 마음을 나누는 대화를 시작하는 첫 두드림이자, 함께여서 행복한 관계의 의미를 배우는 첫걸음이자, '나'의 잃어버린 꿈을 되살려주는 화두였다.

"시여(싫어), 시여."

도연이가 끝내 하겠다며 울음을 터뜨렸다. 날씨도 쌀쌀한데 베란다에서 찬물로 블록을 씻겠다는 거였다. 혹여 감기라도 걸릴까봐 안 된다고 말리다가, "그럼 목욕탕에서 씻을래?" 했는데도 막무가내였다. 고집이 센 아이라 일단 울기 시작하면 달래기가 쉽지 않다.

어이없이 고집을 피운다고 생각했는지 할아버지가 얼른 들어오라고 야단을 치셨다. 그러자 도연이는 더 크게 울다 구역질까지 했다. 나는 도연이가 토한 것을 닦아주고 꼭 안으며 진정시켰다.

"괜찮아, 괜찮아."

그러고는 옷을 갈아입히고 밖으로 나갔다.

"바람이 많이 부네."

내 말에 도연이는 기분이 나아졌는지 "응" 하고 대답했다.

그리곤 언제 울었냐는 듯 이렇게 말했다.

"바람이 날 흔들어."

나 역시도 아까 어떤 소란이 있었냐는 듯 도연이의 표현에 미소를 지었다.

놀이터를 지나 나무들이 늘어선 길을 지나며 마음이 평화로워졌을 때 도연이에게 물었다.

"아까 왜 화가 났어?"

도연이가 계면쩍게 웃으며, "어~ 아까는 미안했져" 선선히 사과부터 하는 거였다.

"그래, 도연이 마음 알겠어. 그런데 블록은 목욕탕에서 씻어도 되는데, 왜 베란다에서 한다고 운 거야?"

"응. 나무한테 맘마 주려고."

그러고 보니 며칠 동안 나무들에게 물을 주는 걸 잊었다는 생각이 들었다.

"그랬구나. 나무들이 배고픈 걸 도연이가 알았구나. 베란다에서 하지 말라고 한 건 도연이 감기 걸릴까봐 그랬던 건데. 도연이가 말도 않고 무작정 떼쓰고 울기부터 하면 도연이 마음을 알 수가 없잖아."

"응. 도연이 마음을 알 수가 없어…. 이젠 안 그럴 거야. 미안했져."

앵무새처럼 따라 말하는 건 영락없는 네 살짜리 아이였지만, 자신의 잘못을 인정하고 쑥스럽게 웃는 모습에서는 뭐랄까, 대화가 통한다는 뭉클함이 전해져왔다.

비온 뒤라 그런지 바람이 서늘했다.

"도연아, 그만 들어가자. 춥다."

"안 추워. 더워."

"고모는 추운데."

"손잡고 가."(이미 손잡고 있었다.)

"손잡고 가면 안 추워?"

"장갑 꼈잖아."

순간, 새삼스레 전해지던 온기. 바람도, 길가의 나무도, 늘 밟고 다니던 보도블록도 처음 만나는 양 신선했다. 아이를 달래려고 나선 길에서, 나는 오히려 세상을 충전시키는 아이의 힘을 느꼈다.

도연이는 하나뿐인 조카다. 그 아이가 세상에 왔다는 건 새로운 변화였고 기분 좋은 일이었지만, 그 아이를 보자마자 사랑이 뭉클뭉클 솟았던 건 아니다. 바쁜 부모를 대신해서 함께 먹고 자며 그 아이의 마음과 표현에 귀 기울이는 사이, 아이의 고집 이면에 있는 마음을 관찰하고 이해하면서 사랑이 깊어간 것 같다.

버스에서 내려 집으로 가는 길에 탈것을 좋아하는 도연이가 다시 지하철을 타자고 길 가운데서 꼼짝도 않고 떼를 쓸 때, 새로 나온 버스를 타야 한다고 구형 버스를 몇 대나 보내며 버스정류장에서 기다릴 때, 학습지가 재미없다며 공부하지 않겠다고 선생님 보기가 민망할 만큼 문밖에서 완강히 버틸 때, 그 고집을 아이의 호기심과 독립성으로 이해했다. 세상 모든 것이 신기하고 궁금한 아이가 저 하고 싶은 걸 표현하는 건 당연하고, 독립적이어서 어른의 페이스대로 따르지 않고 '고집'이라는 형태로 에너지를 표출하는 것이라고 말이다. 또한 고집은 자신의 마음을 표현하는 것이 아직 서툴러 조곤조곤 이야기하지 못하기 때문이라고 말이다.

그러면서도 아이가 고집을 부릴 때 기다리고 설명하기 힘들어 내 생각대로 강요하고 싶을 때가 있었다. "고집 피우지 말고 말 들어"라며 한 대 쥐어박고, 피곤한 순간을 피하고 싶을 때도 있었다. 그러나 내 뜻대로 아이를 끌고 가려는 에고를 돌아보며 마음을 돌이켰다. 그 순간, 아이는 나를 깨우고 성숙시키는 스승이라는 생각이 들었다. 어쩌면 한 시절 내가 도연이를 돌본 것이 아니라, 도연이가 날 키운 것인지도 모른다.

지구별에 배우러 온 어린왕자

어린왕자는 수많은 장미 중에서 자신의 장미가 특별한 이유를 이렇게 말했다.

"물을 주고, 둥근 덮개를 씌워주고, 벌레를 잡아주고, 불평을 해도 자랑을 늘어놓아도 때때로 입을 다물고 있어도 다 들어주었기 때문이야."

지혜로운 여우는 어린왕자의 마음을 토닥이듯 말해주었다.

"네 장미꽃이 그토록 소중하게 된 것은 네가 네 장미꽃을 위해서 소비한 시간 때문이야."

그랬다, 자신만을 위해 쓰기에도 아까운 시간을 흔연히 내어주는 것. 세상을 조롱하며 비행하던 청춘의 나날을 지나 사막에 떨어진 이유, 그것은 사랑하는 이에게 마음의 시간을 내어주는 법을 배워야 했기 때문이다. '나' '내 것'이라는 자의식의 무게를 덜고, 마음을 나누며 넓어지고 깊어지고 또한 낮아지는 법을 배워야 했기 때문이다. 시간을 내어주고 마음을 주면서 소중한 것은 대가 없이 얻을 수 없다는 진실을 배워야 했던 것이다.

그런데 비행기를 고쳐 사막에서 벗어나려 마음이 바쁜 나에게 아이는 왜 하필 그림을 그려 달라고 했을까. '참 엉뚱하네'라고 생각하면서 펜을 집어든 순간 떠올랐다. 오래 전 잃어버린 꿈이.

"보아구렁이 그림 따위는 집어치우고 산수, 문법이나 열심히 공부하는 게 좋아."

어른들의 무지막지한 충고, 내뱉듯 툭 던진 서늘한 조언에 결국 꿈을 접어버리고, 도무지 이해하지 못하는 어른들에게 매번 설명하는 것이 피곤해서 결국 대화하기를 포기해버린 아이. 끝내 사막에서 길을 잃은, 잊고 있었던 오래 전 나였다.

질문은 질문으로 이어지고, 꿈은 다시 꿈으로 이어져 부모와 자녀는 그렇게 연결되었다. 어린왕자가 샘을 찾아갈 때, 함께 걸어가주고 우물의 노래를 들으며 물을 길어 올리고, 샘물을 행복하게 마실 수 있도록 동행했듯이, 이제 이 지구별에 배우러 온 우리의 어린왕자들이 잠재력의 샘물을 즐겁게 마실 수 있도록 '나' 또한 함께 걸으며 동행해야 하지 않을까.

서로가 배우러 온 존재임을 이해하며, 지상의 나날이 더 이상 외롭지 않도록, 더 이상 길을 잃지 않도록 서로에게 믿음의 표식이 되어주는 것. 그것이 바로 부모와 자녀를 넘어 서로의 영혼을 격려하는, 진정한 만남이 주는 선물이 아닐는지.

2010년 7월
구해진

핀란드 부모혁명

지은이 박재원 구해진

초판 1쇄 발행일 2010년 7월 22일
초판 7쇄 발행일 2014년 5월 23일

발행인 한상준
기획 임병희
편집 김민정
마케팅 박신용
디자인 양시호 · 디자인선재
종이 화인페이퍼
출력 경운출력
인쇄 · 제본 영신사

발행처 비아북
출판등록 제313-2007-218호(2007년 11월 2일)
주소 서울시 마포구 연남동 567-40 2층
전화 (02) 334-6123
팩스 (02) 334-6126
e-mail crm@viabook.kr | **홈페이지** viabook.kr

ⓒ 박재원 · 구해진, 2010

ISBN 978-89-93642-21-6 03370

* 이 책은 저작권법에 따라 보호받는 저작물이므로 무단전재와 무단복제를 금합니다.
* 이 책의 전부 또는 일부를 이용하려면 저작권자와 비아북의 동의를 받아야 합니다.
* 이 도서의 국립중앙도서관 출판시도서목록(CIP)은
　e-CIP 홈페이지(HTTP://WWW.NL.GO.KR/CIP.PHP)에서 이용하실 수 있습니다. (CIP 제어번호:2010002585)
* 잘못된 책은 바꿔드립니다.